Elin Fredsted/Markus Pohlmeyer (Hg.)

Heimat: kulturwissenschaftliche, regionalgeschichtliche und ästhetische Zugänge

IGEL VERLAG

H A M B U R G

Flensburger Studien zu Literatur und Theologie
Band 16

Herausgegeben von Marcello Neri und Markus Pohlmeyer

Elin Fredsted / Markus Pohlmeyer (Hg.)

Heimat: kulturwissenschaftliche, regionalgeschichtliche und ästhetische Zugänge

Mit Beiträgen von Silke Göttsch-Elten, Elin Fredsted,
Ilja Braunmüller, Steen Bo Frandsen, Alf Mayer,
Carsten Jensen, Markus Pohlmeyer.
Mit einem Vorwort von Anke Spoorendonk

Flensburger Studien zu Literatur und Theologie, Band 16

LITERATURWISSENSCHAFT

Centro
Studi
Sara
Valesio

Elin Fredsted /Markus Pohlmeyer (Hg.)
Heimat: kulturwissenschaftliche, regionalgeschichtliche
und ästhetische Zugänge.
Flensburger Studien zu Literatur und Theologie, Band 16

1. Auflage 2019
ISBN 978-3-86815-735-2
Covergestaltung: Annelie Lamers nach dem Workshop-Flyer
„Wem gehört Heimat?" (Gestaltung des Flyers: Martin Gnadt für
Europa-Universität Flensburg, 2018)

IGEL Verlag *Literatur & Wissenschaft* ist ein Imprint
der Bedey Media GmbH
Hermannstal 119 k, 22119 Hamburg
Printed in Europe
Die Deutsche Bibliothek verzeichnet diesen Titel
in der Deutschen Nationalbibliografie.
Bibliografische Daten sind unter http://dnb.d-nb.de verfügbar.

Für Oskar Theodor
und Anton,
zwei Mini-Helden,
für die ihre Familien
die wichtigste Heimat sind.

Danksagung

Unser Dank gilt dem IGEL-Verlag, der Grafikerin Annelie Lamers bei der Cover-Gestaltung und in besonderer Weise Christina Schmidt-Hoberg für die unkomplizierte Zusammenarbeit bei Realisierung dieses Bandes aus der Flensburger Reihe.

Und unser Dank gilt allen Autorinnen und Autoren wie auch Dr. T. Wörtche für die Erlaubnis, den bei CULTURMAG zuerst erschienenen Artikel von C. Jensen hier abdrucken zu dürfen, und D. Sala (IL REGNO) für die Verwendung der deutschen Fassung des Essays über Thomas Mann.

Finanziert wurde dieses Buch aus Mitteln des Forschungspreises der Europa-Universität Flensburg, den Prof. Dr. E. Fredsted im Jahr 2017 erhielt.

Inhaltsverzeichnis

Vorwort zur Reihe

Die „Flensburger Studien zu Literatur und Theologie" möchten eine interdisziplinäre Entdeckungsreise sein und zum Nachdenken einladen – in aller Freiheit! Thematisch bewegt sich diese Reihe zwischen: Literatur, Philosophie, Theologie, Natur- und Sprachwissenschaft ... (kann erweitert werden!) Medial bewegt sie sich zwischen vielen Welten: Bücher, Filme, Serien, Comics ... (kann erweitert werden!) Eine solche Vielfalt von Themen und Disziplinen bedingt auch eine Vielfalt der Darstellungen: Essays, Gedichte, Rezensionen und wissenschaftliche Aufsätze ... (kann auch erweitert werden!)

Zwischen Welten – synchron und diachron: in diesem Sinne versteht sich unsere Zusammenarbeit mit dem „Centro Studi Sara Valesio" (Bologna – New York), das dieses kulturelle Anliegen zum Zentrum seines Projekts gemacht hat.

Die Herausgeber

Centro Studi Sara Valesio – CSSV

The CSSV is conceived as a cultural nucleus of library collections and archival documentation. At the same time, the Center presents itself as a place for dialogue, cultural formation, research and discussion. Its main referent are literary and philosophical writings, in the broadest sense of the term, and studied in their contact with the concrete experience of well-defined persons; above all, persons who actually move between different cultural, geographical, psychological worlds, concretely experiencing different aspects of such movements: assimilation, migration, expatriation, alternate residences.

Hence, the main theme of the Center: „Writers Between Worlds". The worlds in question are principally, but not exclusively, Italy, Europe and the United States; and the term „writer" is meant (as noted) very broadly: not only poets, novelists, playwrights philosophers; but also essayists, historians, social researchers, writers of memoirs and letters, translators, screenplay writers, theatre and film directors, journalists and so forth.

This is not an abstract and intellectualistic project, because we constantly underline the relationship between textual worlds and existential experiences. The critical research that grows out of all this is therefore sensitive to the human, social and spiritual themes circulating in all these textualities. The book series „Flensburger Studien zu Literatur und Theologie", with its constructive approach to this kind of textualities, is an important expression of the project carried out in many forms by the CSSV.

Paolo Valesio, Director of the Centro Studi Sara Valesio

Centro
Studi
Sara
Valesio

Centro Studi Sara Valesio – Museo della Città di Bologna srl
Via Manzoni, 2 - 40121 Bologna
tel. 051.19936313 - fax 051.19936300
centrostudisaravalesio@genusbononiae.it

Vorwort

Im Frühjahr 2018 griff ein deutsch-dänischer Workshop an der Europa-Universität Flensburg die Herausforderung auf, den vielschichtigen Begriff „Heimat" zu erkunden. Denn „Heimat" kommt in öffentlichen Diskursen mittlerweile in allen Schattierungen vor – als Gegenentwicklung zur Globalisierung und Internationalität; als Kampfbegriff rechtspopulistischer Bewegungen; als Gefühl von Zugehörigkeit und Vertrautheit oder *als schönste Utopie und Menschenrecht*, wie der österreichische Schriftsteller Robert Menasse behauptet. Umso lobenswerter ist der Versuch, die Komplexität dieses Begriffes zu durchleuchten – zumal „Heimat" im deutsch-dänischen Grenzland durch die Staatsgrenze zwischen Deutschland und Dänemark eine zusätzliche Dimension erhält.

Während das Wort „Heimat" für Deutsche ein gängiger Ausdruck ist, bemerkt man beim Aufschlagen von Wörterbüchern schnell, dass es eine Eins-zu-Eins-Übersetzung in andere Sprachen nicht gibt. Das dänische Wort „hjemstavn" sei hier als Beispiel genannt. Es trifft Teile der deutschen Bedeutung, hat aber einen deutlicheren regionalen Bezug. Dass wir es mit einem wichtigen Thema unserer Zeit zu tun haben, zeigt sich u.a. auch darin, dass das Magazin „Grænsen" des dänischen Grenzvereins, der sich grundsätzlich für einen progressiven Zugang zum Begriff „Heimat" einsetzt, sich dieses Themas annimmt und unter der Überschrift „Heimat er dér, hvor min familie er" (*Heimat ist dort, wo meine Familie ist*) ein längeres Interview mit dem Grünen-Politiker Robert Habeck veröffentlicht. Auf die Frage, warum er sich gerade im Grenzland heimisch fühle, lautet Habecks Antwort:

> „Weil das Grenzland ein Land mit zwei Kulturen ist. Hier ist das Aufeinandertreffen von Deutsch und Dänisch gelebter Alltag. Bei uns gibt es dänisches Theater, dänische Schulen, dänische Sportvereine und dänische Kindergärten. Und nördlich der Grenze gibt es genau dasselbe, nur auf Deutsch. Wenn man ganz natürlich mit zwei Sprachen lebt, dann wird man durch den Wechsel von der einen in die andere Sprache immer wieder daran erinnert, dass Sachen auch anders gesagt werden können. Das ist für die Menschen hier in der Region ganz selbstverständlich. Für mich ist das Ausdruck einer toleranten Weltanschauung".

Das Magazin lässt des Weiteren eine Reihe dänischer Publizisten zu Wort kommen, wie zum Beispiel Jesper Vind, Historiker und Deutschlandkorrespondent der dänischen Wochenzeitung „Weekendavisen". In einem übergeordneten Kontext unterstreicht sein Ansatz, was auch ein Kernpunkt des Workshops war: „Heimat" ist ein bedeutungsoffener Begriff, der von links und rechts besetzt werden kann; er ist aber auch ein individuelles Gefühl. Für Jesper Vind ist die deutsche Diskussion um den Begriff „Heimat" ein Kulturkampf; als Beleg führt er die diesjährige Sommerreise von Robert Habeck an, die unter dem Motto „Des Glückes Unterpfand" öffentlich kommuniziert wurde. Die bewusste Anspielung auf die deutsche Nationalhymne hebt seiner Meinung nach eindeutig hervor, worum es geht: Um die Zurückeroberung nationaler Symbole für einen weltoffenen Heimatbegriff. Auch dänischerseits wird dieser Diskurs öffentlich geführt. Hier macht sich aber eher bemerkbar, dass die Dänische Volkspartei in der Diskussion um „dänische Werte" seit Jahren am längeren – sprich: am politischen – Hebel sitzt. Alle Umfragen belegen, dass ihre exkludierende Sicht auf Heimat und „Dänisch-Sein" längst Mainstream ist.

Als Angehörige der dänischen Minderheit trifft mich die Frage „Wem gehört Heimat?" in all ihren Facetten. In Schleswig aufgewachsen, fühlt sich das deutsch-dänische Grenzland für mich wie Heimat an, aber trotzdem möchte ich nicht in eine rechte Ecke gedrängt oder als rückwärtsgewandt betrachtet werden. „Heimat" ist für mich also mehr als regionale Zugehörigkeit – oder um es mit einem Zitat von Professor Dr. Silke Göttsch-Elten aus dem Workshop der Europa-Universität zu verdeutlichen: „Heimat ist nichts Statisches, sondern Heimat besteht aus kulturellen Praktiken, mit denen wir uns unsere Welt aneignen."

Die Auseinandersetzung um den Begriff „Heimat" gipfelt letztlich in der Frage der zu führenden Kulturpolitik, denn die Konstituierung von Heimat hat immer einen gesellschaftlichen Kontext. Die Gestaltung dieses gesellschaftlichen Rahmens ist damit eine Frage von Politik – genauer: von Kulturpolitik. Ein kulturpolitischer Prozess muss meines Erachtens gekennzeichnet sein durch Offenheit, Dialog und konkrete Zielformulierungen; er steht damit im Widerspruch zu allen Bestrebungen, Heimat politisch zu instrumentalisieren.

Als für Kultur zuständige Ministerin leitete ich im Mai 2013 den Kulturdialog „Kulturperspektiven Schleswig-Holstein" ein. Denn Kulturentwicklung bietet die Chance, als Instrument der Kulturpolitik Impulse zu setzen. Dazu gehören der Dialog zwischen unterschiedlichen Kulturen in einer vielfältigen Gesellschaft; die Stärkung der Identifikation mit unserem Land, seiner Vergangenheit, seiner Gegenwart und seiner Zukunft – die Diskussion unserer Wertebasis. Die ganz entscheidende Frage lautet also: Wie wollen wir leben? Oder präziser noch: Wie wollen wir leben angesichts der Herausforderungen unserer Zeit?

Eine Gesellschaft wie die unsrige unterhält eine kulturelle Infrastruktur, zum Beispiel Theater, Museen, Bibliotheken, Volkshochschulen, Archive. Dort, wo Räume für Kunst zur Verfügung stehen, hat diese die Möglichkeit der freien Entfaltung. Dort, wo die kulturelle Infrastruktur Räume für Reflexionen vorhält – in unseren Museen und Archiven –, bietet sie die Möglichkeit der Ableitung von Traditionen, Ideen und Geschichte; und dort, wo sie Bildung anbietet, trägt sie zur persönlichen Entwicklung von Menschen als Teil der Gemeinschaft bei – zum Beispiel in Volkshochschulen und Bibliotheken. In diesem Sinne leistet unsere kulturelle Infrastruktur einen Beitrag zur Lebensqualität und ermöglicht Begegnungen. Sie fördert damit auch die Entwicklung kreativen Potentials, was nicht nur dem Einzelnen, sondern der Gesellschaft als Ganzes zu Gute kommt.

In Zeiten der Pluralisierung von Lebenswelten werden die jeweiligen kulturellen Angebote immer nur einen Teil der Menschen in unserer Gesellschaft erreichen. Für den Kulturdialog war es daher unerlässlich, die kulturelle Teilhabe als eine Priorität von Kulturpolitik zu begreifen. Denn unsere Demokratie ist darauf angewiesen, dass alle Beteiligten ihre Grundlagen verstehen, die getroffenen Vereinbarungen nachvollziehen und einhalten können und sich selbstbewusst in die politischen Prozesse begeben. Kulturpolitik ist somit eine politische Querschnittsaufgabe, die einen umfassenden Beitrag für die Entwicklung und Gestaltung der demokratischen Gesellschaft leistet. Ohne Kulturpolitik bleiben die Forderungen nach gesellschaftlicher Teilhabe und Integration nichts anderes als Worthülsen.

Schleswig-Holstein ist wegen seiner besonderen geographischen Lage und vieler regionaler Besonderheiten ein Land ganz unterschiedlicher Identitäten. Unterschiedlich sind die regionalen Bezüge, die Sprachen und die Verbindungen ins benachbarte Ausland – zu Dänemark und zu den Ländern des Ostseeraums. Schleswig-Holstein ist als einziges Land in der Bundesrepublik Heimat dreier nationaler Minderheiten: der dänischen Minderheit, der friesischen Volksgruppe und der deutschen Sinti und Roma. Ihre drei Kulturen und ihre drei Minderheitensprachen sowie die Regionalsprache Plattdeutsch tragen zum Reichtum der schleswig-holsteinischen Kultur seit Jahrhunderten bei. Dazu kommt, dass in Schleswig-Holstein viele Migrantinnen und Migranten leben. Allen Bevölkerungsgruppen ist gemeinsam, dass sie Schleswig-Holstein als ihre Heimat definieren. Im Umkehrschluss bedeutet dies, dass ein Kulturdialog nur Erfolg haben kann, wenn die Prämissen von allen akzeptiert und mitgetragen werden. Das heißt nicht, dass der Beliebigkeit Tür und Tor geöffnet wird. Denn Politik, auch Kulturpolitik, lebt nicht nur vom Diskurs, sondern auch von der Umsetzung konkreter Ziele. Das Besondere an dem 2013 eingeleiteten Dialogprozess ist aber seine Dynamik, die dazu geführt hat, dass die daraus entstandenen „Kulturperspektiven Schleswig-Holstein" in der Tat eine Agenda für die Kulturpolitik des Landes der nächsten Jahre geworden sind. Das Fundament der Kulturperspektiven bleibt die Feststellung, dass Schleswig-Holstein durch seine Regionen und das Verhältnis von Mehrheit und Minderheiten geprägt wird – Teilhabe und Augenhöhe, lauten die Schlüsselworte. Als wichtiger Anstoß ist aber die notwendige Auseinandersetzung mit dem widersprüchlichen und komplexen Thema „Heimat" zu sehen. Der Workshop der Europa-Universität Flensburg hat dabei zur weiteren Klärung dieses Begriffs beigetragen; er hat die Diskussion versachlicht.

Anke Spoorendonk
Ministerin a.D. für Justiz, Kultur und Europa
des Landes Schleswig-Holstein

Forord

I foråret 2018 tog en dansk-tysk workshop på Europa-Universitetet i Flensborg udfordringen op til at få undersøgt det tyske begreb „Heimat" – et begreb, der forekommer i alle mulige afskygninger i tidens offentlige debat: som modforestilling til globalisering og internationalisering, som kampbegreb for højrepopulistiske bevægelser, som en følelse af tryghed og fællesskab eller som den smukkeste utopi og menneskeret, som hævdet af den østrigske forfatter Rober Menasse. Derfor er det mere end rosværdigt, at workshoppen gjorde et forsøg på at belyse begrebets kompleksitet – også taget i betragtning, at „Heimat" i det dansk-tyske grænseland på grund af statsgrænsen mellem Danmark og Tyskland har en yderligere dimension.

Mens ordet „Heimat" på tysk opleves som et gængst begreb, viser et gennemsyn af ordbøger hurtigt, at der ikke findes ordrette oversættelser til andre sprog. Det danske ord „hjemstavn" kan nævnes som eksempel. Det rammer dele af den tyske betydning, men har dog en tydeligere regional relation. At vi har at gøre med et vigtigt emne i tiden belyses for eksempel også ved, at magasinet „Grænsen", udgivet af den danske grænseforening, som går ind for en progressiv tilgang til begrebet „Heimat", tager fat på dette tema og i den forbindelse offentliggør et længere interview med den grønne politiker Rober Habeck under overskriften „Heimat er dér, hvor min familie er". På spørgsmålet om, hvorfor han netop føler sig hjemme i grænselandet, svarer Habeck:

> „Fordi grænselandet er et land af to kulturer. Her er mødet mellem dansk og tysk blevet til hverdagspraksis. Hos os har vi danske skoler, danske idrætsforeninger og danske børnehaver. Og nord for grænsen findes præcis det samme, blot på tysk. Hvis man helt naturligt lever med to sprog, så minder skiftet mellem sprogene en til stadighed om, at tingene også kan blive sagt på en anden måde. Det er helt naturligt for mennesker her i regionen. For mig at se er det udtryk for en tolerant verdensanskuelse".

Magasinet lader også en række danske publicister komme til orde som f.eks. Jesper Vind, historiker og „Weekendavisens" tysklandsmedarbejder. Overordnet set bekræfter han workshoppens tese: „Heimat" er et åbent begreb, som både højre- og venstreorienterede benytter sig af, men „Heimat" er også en individuel følelse. For Jesper Vind er den tyske diskussion om „Heimat" en kulturkamp, og som belæg for sin påstand fremfører han Robert Habecks sommerrejse i 2018, som offentligt blev promoveret under overskriften „Des Glückes Unterpfand". Hentydningen til den tyske nationalsang fremhæver efter hans mening, hvad det drejer sig om: At tilbageerobre den nationale symbolik med henblik på et verdensåbent „Heimat"-begreb. Også set i en dansk sammenhæng føres en sådan debat, men her ses det snarere, at Dansk Folkeparti i diskussionen om „danske værdier" forlængst har sat sig på emnet, fordi partiet i de senere år har haft magt – politisk magt – til at styre debatten. Alle meningsmålinger tyder på, at Dansk Folkepartis ekskluderende syn på „Heimat" forlængst er blevet mainstream i Danmark.

Når man som jeg er vokset op i det dansk mindretal, rammer spørgsmålet: „Hvem tilhører ‚Heimat'?" mig med alle begrebets facetter. Opvokset i Slesvig, føles det dansk-tyske grænseland som hjemstavn for mig, alligevel ønsker jeg ikke at blive trængt op i det højre hjørne eller blive betragtet som reaktionær. „Heimat" er for mig altså mere end udtryk for et regionalt tilhørsforhold eller – for at komme med et citat af professor dr. Silke Göttsch-Elten fra den nævnte workshop på Flensborgs Europa-Universitet: „Heimat har intet statisk på sig, Heimat er udtryk for de kulturelle teknikker, vi anvender for at kunne tilegne os den verden, vi lever i".

Diskussionen om begrebet „Heimat" har i sidste ende at gøre med spørgsmålet om, hvilken kulturpolitik det er nødvendigt at føre, idet konstitueringen af „Heimat" altid foregår i en samfundsmæssig kontekst. Udformningen af denne samfundsmæssige ramme er dermed et politisk spørgsmål – eller rettere: et kulturpolitisk spørgsmål. En sådan kulturpolitisk proces bør efter min opfattelse være kendetegnet ved åbenhed, dialog og konkrete målformuleringer. Den står demed i modsætning til alle bestræbelser på en politisk instrumentalisering af „Heimat".

Som kulturminister indledte jeg i maj 2013 den kulturdialog, som dannede udgangspunkt for konceptet „Kulturperspektiver for Slesvig-Holsten", idet kulturudvikling er et vigtigt instrument for kulturpolitiske impulser. Dertil hører dialogen mellem de forskellige kulturer i et samfund præget af mangfoldighed; at fremme identifikationen med landet Slesvig-Holsten, dets fortid, samtid og fremtid – samfundets værdigrundlag med andre ord. Det helt afgørende spørgsmål lyder altså: Hvordan vil vi leve? Eller mere præcist: Hvordan vil vi leve på baggrund af tidens udfordringer?

Et samfund som vort er kendetegnet ved at have en kulturel infrastruktur – som for eksempel teatre, museer, biblioteker, folkehøjskoler, arkiver. Dér, hvor infrastrukturen giver rum for kunst, har denne mulighed for frit at udfolde sig. Dér, hvor den kulturelle infrastruktur giver rum for refleksioner – i vore museer og arkiver – giver den mulighed for at forholde sig til samfundets traditioner, dets ideer og historie, og dér, hvor den giver adgang til dannelse, bidrager den til menneskers personlige udvikling som en del af fællesskabet, på folkehøjskoler og biblioteker for eksempel. På denne måde yder vores kulturelle infrastruktur bidrag til menneskers livskvalitet og til møder mellem mennesker. Den fremmer dermed udviklingen af et kreativt potentiale, hvilket ikke blot kommer den enkelte, men hele samfundet til gode.

I et pluraliseret samfundet vil kulturelle tilbud kun nå en del af befolkningen. For kulturdialogen var det derfor tvingende nødvendigt at se kravet om medindflydelse som en kulturpolitisk prioritet. Vores demokrati bygger på, at alle forstår dets grundlag, lever sig ind i og overholder trufne aftaler og selvbevidst tager del i samfundets politiske processer. Kulturpolitik er med andre ord en tværpolitisk opgave, som yder et omfattende bidrag til samfundets demokratiske udformning. Uden en formuleret kulturpolitik forbliver al tale om samfundsmæssig participation og integration uden indhold.

På grund af Slesvig-Holstens geografiske placering og mange regionale særtræk er landet kendetegnet ved at have mange forskellige kulturelle identiteter. Der er forskel på regionale relationer, på sprog og forbindelserne til nabolandene, det være sig til Danmark eller til landene i Øsersøregionen. Slesvig-Holsten er det eneste forbundsland, som er hjemstavn – og dermed „Heimat" – for tre nationale mindretal: det danske mindretal, den frisiske folkegruppe og de tyske Sinti og Roma. Mindretallenes kulturer samt de tre mindretalssprog og regionalsproget nedertysk – eller plattysk – har i århundreder været med til at præge den slesvig-holstenske kultur. Dertil kommer, at der i Slesvig-Holsten lever mange migranter. Alle befolkningsgrupper har det til fælles med hinanden, at de ser Slesvig-Holsten som deres hjemstavn. Omvendt indebærer dette, at en kulturdialog kun kan have succes, hvis dens præmisser accepteres af alle, og alle er villige til at bære dem videre. Dermed være ikke sagt, at der lægges op til vilkårlighed. For politik – også kulturpolitik – lever ikke af diskursen, men af, at konkrete mål omsættes. Det særlige ved den dialogproces, der startede i 2013, er dog dynamikken. Den resulterede i, at „kulturperspektiverne for Slesvig-Holsten" blev en agenda for landets kulturpolitik i årene fremover. Men fundamentet for disse kulturperspektiver er stadig, at Slesvig-Holsten har udviklet sig via sine regioner og gennem forholdet mellem flertal og mindretal. Budskabet lyder: medindflydelse på øjenhøjde. Den nødvendige diskussion af det modsætningsfyldte og komplekse tema „Heimat" har dog været en vigtig igangsætter. Europa-Universitetets workshop bidrog til en yderligere afklaring af dette begreb, hvorved diskussioner nu kan føres på et mere sagligt og oplyst grundlag.

Anke Spoorendonk
tidl. justits-, kultur- og Europaminister i Slesvig-Holsten

Einleitung

Wem gehört *Heimat*?

… und: warum sollte *Heimat* rechtpopulistischen Diskursen überlassen werden? Diskurse, die zudem einen sehr exkludierenden Blick auf *Heimat* vertreten. Diese Fragen haben sich nicht nur die Herausgeber gestellt, sondern auch Kulturwissenschaftler, Historiker, Künstler, Politiker und Journalisten.

Ein Teil der Beiträge in diesem Band geht zurück auf eine deutsch-dänische Tagung an der Europa-Universität Flensburg am 26.04.2018. Andere Autoren haben wir um einen Beitrag gebeten; und darüber hinaus hat uns der erste Träger des Europa-Preises der Europa-Universität Flensburg, der dänische Schriftsteller Carsten Jensen, freundlicherweise seine Rede zur Verleihung des Preises am 17.05.2018 hier zur Verfügung gestellt. Auch möchten wir uns besonders bei Anke Spoorendonk für ihr Vorwort herzlich bedanken.

Die Aufsätze sind in drei Kategorien aufgeteilt: es beginnen Beiträge, die sich mit dem Begriff *Heimat* und seiner ‚nicht unumstrittenen‘ Geschichte beschäftigen. Dabei wird auch auf die ‚Aufbewahrungsdeponien‘ der *Heimat*, nämlich auf die Heimatmuseen fokussiert.

Danach folgt der kritisch-historische Blick auf die Region Schleswig als *Heimat* verschiedener Volksgruppen, die durch den Nationalismus gegeneinander aufgebracht und ausgespielt wurden. Den feinen ironischen Ton dieses Aufsatzes kann der Leser in beiden Sprachen auf Deutsch und Dänisch genießen!

Den Abschluss bilden Texte, die sich mit *Heimat* in Kunst und Literatur kritisch auseinandersetzen: zunächst ein Bericht eines Mitarbeiters von Edgar Reitz über die Entstehung und Rezeption des großen Filmepos ‚Heimat‘; danach folgen zwei literarisch orientierte Beiträge, die über *Heimat* und Heimatlosigkeit reflektieren.

Wir bedanken uns herzlich bei allen, die zu diesem Band beigetragen haben!

Elin Fredsted und Markus Pohlmeyer

Kulturwissenschaftliche Zugänge

Silke Göttsch-Elten
Heimat – Zur Karriere eines nicht unumstrittenen Begriffs

Heimat hat im Augenblick Konjunktur und zwar auf sehr unterschiedlichen Feldern. Politische Parteien aller Schattierungen von der Linken bis hin zur AFD reklamieren den Begriff Heimat für sich und ihre Programmatiken. Heimat als Gegenstand von politischem Handeln ist sowohl im Bund wie auch in einzelnen Bundesländern zum Resort von Ministerien geworden. Die viel belächelte Benennung des Bundesinnenministeriums unter Horst Seehofer 2017 in Ministerium für Inneres, Bau und Heimat ist da nur ein prominentes Beispiel. Fernsehsendungen, Radiofeatures und Zeitungsartikel streiten um den Deutungsanspruch von Heimat; das Internet quillt über von Links und viele wissenschaftliche Disziplinen sind bemüht, Sachlichkeit in die Diskussion zu bringen. Die Frage danach, warum dieser Begriff zurzeit so populär und zugleich zu einer so umkämpften Sache geworden ist, führt mitten hinein in die Befindlichkeiten einer postmodernen und globalisierten Welt, auch wenn das zunächst als Widerspruch erscheinen mag.

Die manchmal nur schwer nachvollziehbare Euphorie für den Heimatbegriff ist auch ein Hinweis darauf, wie aktuell der 1978 erschienene Roman „Das Heimatmuseum" von Siegfried Lenz immer noch ist.[1] Und man wünscht sich einen Zygmunt Rogalla zurück, der sich mit dem Anzünden seines Heimatmuseums radikal und kompromisslos jeglicher Vereinnahmung dessen, was ihm Heimat bedeutet, entzieht. Zygmunt Rogalla hatte zweimal erlebt, wie sein Heimatmuseum durch politische Übergriffigkeit bedroht wurde: zunächst noch in Masuren durch die Nazis, die damit ihre Blut- und Bodenideologie legitimieren wollten, und das zweite Mal in der jungen Bundesrepublik durch die Vertriebenenverbände. Der Roman verweist damit auf eine doppelte Perspektive, einmal auf die Gefährdung von Heimat, hier in der musealisierten Form, also dem Heimatmuseum, in dem sie politisch instrumentalisiert wird, um damit in einem ideologisierten Sinne Identitätspolitik zu betreiben; und zum anderen weist er auf die Bedeutung

---

[1] Siegfried Lenz, Das Heimatmuseum. Hamburg 1978.

von Heimat als einem vielleicht auch nur imaginären Ort individueller Identitätsarbeit hin. Übrigens wurde auch in der Zeit, als der Roman von Lenz erschien, der **Begriff** Heimat neu verhandelt. Die von Lenz poetisch verdichtete Ambivalenz des Begriffs Heimat und dessen Verwendung in gesellschaftlichen und politischen Debatten und die **Sache** Heimat, also die Befindlichkeit von Menschen und ihrem Verlangen nach Beheimatung, gilt es zu beleuchten, um der Attraktivität des Begriffs in so unterschiedlichen Kontexten auf die Spur zu kommen.

Für mediale Aufmerksamkeit sorgt zurzeit die sowohl im Bund als auch in den Bundesländern Bayern und Nordrhein-Westfalen ministerielle Verankerung des Resorts Heimat. Mit der Erweiterung der Benennung des Bundesinnenministeriums hat Horst Seehofer sozusagen eine ‚bayerische‘ Idee auf den Bund übertragen. Dort gibt es bereits seit 2014 ein erweitertes Innenministerium mit dem Aufgabenbereich Heimat, an dem die Landesentwicklung und der Breitbandausbau, also die Strategien der Digitalisierung, angesiedelt sind; übersetzt heißt das: es geht um die Entwicklung der Infrastruktur im ländlichen Raum und mitnichten um Trachten und Schuhplatteln.[2] Das Bundesministerium des Inneren hat mittlerweile nach großer Kritik und Häme den Fokus seines Heimatbegriffs geändert und betont nun den engen Zusammenhang zwischen Heimat und Integration. Eine Definition dessen, was Heimat sein soll, findet sich allerdings auf der Homepage nicht mehr.[3] Auch Nordrhein-Westfalen hat seit 2017 ein CDU-geführtes Ministerium, dessen Zuständigkeit Heimat, Kommunales, Bau und Gleichstellung lautet und das unter dem Aspekt Heimat insbesondere den sozialen Zusammenhalt fördern will, sich also ganz ähnlich aufstellt wie das Bundesministerium des Inneren.[4] So sind in einer ersten Förderlinie dort v. a. Projekte unterstützt worden, die soziales Zusammenleben ermöglichen sollen. Hier haben Parteifreunde bereits moniert, dass

---

[2]   Siehe dazu https://www.stmflh.bayern.de/heimat/ (Zugriff 30. 11. 2018)
[3]   Siehe dazu https://www.bmi.bund.de/DE/themen/heimat-integration/heimat-integration-node.html (Zugriff 30. 11. 2018) Auf einer älteren Homepage hieß es noch: „Heimat sind die Kommunen." (Mai 2018)
[4]   Siehe dazu https://www.mhkbg.nrw/heimat/index.php (Zugriff 30. 11. 2018)

darunter auch Projekte sind, die auf die Integration von Flüchtlingen abzielen, das sei zumindest irritierend.[5]

Fazit dieser kursorischen Beobachtungen aus der politischen Wirklichkeit ist, dass Heimat immer noch stark als auf dem Land beheimatet gedacht wird (also Ausbau der Infrastruktur im ländlichen Raum und Stärkung der Kommunen), aber dass es durchaus auch andere Vorstellungen gibt, wie z.B. im stark urbanisierten Nordrhein-Westfalen, wo es um soziales Zusammenleben geht. Wie auch immer sind mit diesen Resorts sehr konkrete politische Inhalte verbunden, die mit Brauchtumspflege oder bloßem Traditionalismus nur sehr wenig zu tun haben.

Aber: Heimat ist mehr als nur ein in gegenwärtigen Zeiten offensichtlich opportunes politisches Programm, es ist auch ein Gefühl, ein emotionaler Begriff. Heimat meint für viele Menschen jenseits politischer Besetzungen einen konkreten Ort, der gar nicht topographisch, sondern genauso gut emotional gefüllt sein kann: der Ort, an dem ich lebe, an dem ich geboren bin, da, wo meine Familie, wo meine Freunde sind oder um einen provokativen Titel einer Artikelserie zum Thema Heimat in der Süddeutschen Zeitung zu zitieren: „Heimat ist, wo sich das Wlan automatisch verbindet"[6].

Bedeutungen aber entstehen nicht ad hoc, sondern sind Teil unseres kulturellen Wissens und haben eine längere Tradition. Deshalb braucht es die historische Perspektive, um zu verstehen, warum mit dem Begriff Heimat und seiner Verwendung in den unterschiedlichen Settings, wie z. B. in politischen Parteien oder den Medien, so scharfe Auseinandersetzungen geführt werden können.

Historische Annäherung

Das Wort selbst geht auf das mittelhochdeutsche Wort *heimuoti* zurück, das so viel bedeutete wie Grundbesitz, Anwesen und seit dem 11. Jahrhundert nachweisbar ist. Bis ins 19. Jahrhundert hinein blieb Heimat ein Rechtsbegriff, der an den Besitz von Grund und Boden oder den

---

[5] Siehe dazu https://www.welt.de/regionales/nrw/article174993823/Scharrenbach-oeffnet-Heimatfoerderung-auch-fuer-Islamvereine.html (Zugriff 30. 11. 2018)
[6] Siehe dazu https://www.sueddeutsche.de/kultur/was-ist-heimat-heimat-ist-wenn-sich-das-wlan-automatisch-verbindet-1.3836110 (Zugriff 30. 11. 2018)

Anspruch auf Versorgung im Armuts-, Alters- oder Krankheitsfall gebunden war. Heimat zu haben war existenziell für das Überleben notwendig, für Emotionen oder gar Sentimentalität war da kein Raum.[7]

„Vater, gib mir meine Heimat" war die Aufforderung des Hoferbens zur Übertragung des väterlichen Besitzes. In den Armenordnungen der Frühen Neuzeit, die bis ins 19. Jahrhundert bis zur Bismarck'schen Sozialgesetzgebung hinein Gültigkeit besaßen, war das Heimatrecht genauesten geregelt. Ansprüche auf Versorgung hatte man am Geburtsort oder aber durch einen längeren Aufenthalt an einem Ort. Das war in den Armenordnungen festgelegt und differierte zwischen 2 und 15 Jahren. Die Prozessakten jener Zeit sind voll von Gerichtsverhandlungen, in denen um die Feststellung des Heimatrechts von Menschen gerungen wurde, die sich nicht mehr selbst helfen konnten. Heimat war im doppelten Sinne ein teures Gut: für die Hilfsbedürftigen, weil damit ihr Überleben gesichert wurde, und für die Gemeinden, weil sie für diese Leistungen aufkommen mussten. So versuchten die Kommunen mit allen Mitteln, die Zahl der Versorgungsberechtigten so klein wie möglich zu halten. Heimat war also Privileg und an die materielle Existenz gebunden; zur sentimentalen Verklärung gab es keinen Anlass. Sesshaftigkeit war in der Frühen Neuzeit der Ausweis von Zugehörigkeit und sozialer Reputation; Mobilität, also das Herumziehen ohne festen Wohnsitz, hingegen suspekt.[8]

Der Rechtsstatus verlor im Laufe des 19. Jahrhunderts an Bedeutung und wich einer Emotionalisierung des Begriffs. Die ständische Gesellschaft löste sich allmählich auf; und durch die Professionalisierung von Verwaltung, Wissenschaft und Wirtschaft und Handel entstand eine neue soziale Schicht, das Bürgertum, dessen Lebensverhältnisse und kulturelle Orientierung mit den Vorstellungen und Lebensstilen der alten ständischen Gesellschaft radikal brach. Eine Universitätsausbildung

---

[7]   Vgl. dazu die immer noch aufschlussreiche Arbeit von Ina-Maria Greverus, Der territoriale Mensch. Ein literaturanthropologischer Versuch zum Heimatphänomen. Frankfurt a. M. 1972.

[8]   Siehe dazu Kai Detlev Sievers und Harm Peer Zimmermann, Das disziplinierte Elend. Geschichte der sozialen Fürsorge in schleswig-holsteinischen Städten 1542 – 1914. Neumünster 1994. (Studien zur Volkskunde und Kulturgeschichte Schleswig-Holsteins 30).

wurde zu einer unabdinglichen Voraussetzung für eine berufliche Karriere; und das bedeutete für junge Männer die Notwendigkeit, mobil zu sein, d. h. für ein Studium an verschiedene Universitäten zu gehen und sich dann eine Anstellung zu suchen. Mobilität wurde so im 19. Jahrhundert nicht nur für die ärmere Bevölkerung, für die Auswanderung und Wanderarbeit Wege aus der Not waren, zu einer umfassenden gesellschaftlichen Erfahrung. Damit war die zuvor fraglos geltende Stabilität des lebenslangen Wohnens an einem Ort grundlegend in Frage gestellt. Heimat wurde nun zu einem sentimentalen Begriff, der über den Verlust des topografischen Ortes der Kindheit und Jugend erfahrbar wurde. Die kulturelle Verarbeitung dieser Erfahrung erfolgte unter anderem in den sogenannten Volksliedern des 19. Jahrhunderts, die das Thema Abschied und Wandern zum Leitmotiv hatten und die zum Standardrepertoire der bürgerlichen Männergesangvereine und der studentischen Verbindungen gehörten. Beispiele dafür sind Lieder wie das 1851 von August Disselhoff gedichtete „Nun Ade Du mein lieb Heimatland" oder Lieder wie „Am Brunnen vor dem Tore", „Es klappert die Mühle am rauschenden Bach", „Das Wandern ist des Müllers Lust" usw. Damit wurden diese Lieder und die darin entworfene Idee von Heimat ungemein populär.[9] In solchen Liedern, aber auch in vielen Gedichten, wurde gar kein konkreter Ort mit Heimat verbunden, sondern es ging um Stimmungsbilder, Imaginationen, um ländliche Idyllen und vormoderne Lebensformen wie das Handwerk. Viele Lieder bedienten sich der Metapher des Gesellenwanderns („Das Wandern ist des Müllers Lust"), so dass der Eindruck entstehen konnte, sie entstammten dem Handwerkermilieu. Tatsächlich sind es Dichtungen des 19. Jahrhunderts, einer Zeit, in der das Gesellenwandern angesichts der zunehmenden Industrialisierung und der Auflösung der Zünfte mehr und mehr aufgegeben wurde. In diesen Liedern werden Naturbilder entworfen, die quasi als ideale Landschaften fungieren und damit beliebig sind: Täler, Flüsse, Wälder. Immer ist es allerdings unberührte Natur bzw.

---

[9] Silke Göttsch-Elten, Mundart, Tracht und Brauch. Welche Heimat braucht der Mensch? In: Klaus-Groth-Gesellschaft, Jahresgabe 39 (1997), S. 119-136. Hermann Bausinger, Heimat in einer offenen Gesellschaft. Begriffsgeschichte als Problemgeschichte. In: Heimat. Analysen, Themen, Perspektiven. Bonn: Bundeszentrale für politische Bildung 1990, (Schriftenreihe 294/I), S. 76 – 90.

das Dorf – ohne Spuren von Urbanisierung oder Industrialisierung. Mit diesen sogenannten Volksliedern wird also auch im 19. Jahrhundert eine Naturwahrnehmung eingeübt, die so nur für die in der Stadt lebenden Bürger funktionieren konnte: Natur als Gegenwelt zu städtischen Lebenswelten.

Das bedeutet, dass Heimat bereits im 19. Jahrhundert nicht so sehr an individuelle Herkunftsorte gebunden, sondern zu einem Sehnsuchtsort gemacht wurde, was man auch eindrücklich an den Gedichten von Klaus Groth im 1853 erschienenen Gedichtband **Quickborn** ablesen kann. Heimat ist auch für ihn kein realer Ort, sondern ein verlorener und nie wieder rückgewinnbarer Ort wie das Land der Kindheit. Dass sich in diesem Klima der Verklärung von Ländlichkeit und vormodernen Lebensformen auch eine frühe Trachtenbegeisterung und die bürgerliche Wertschätzung von Mundarten, wie z. B. dem Plattdeutschen, entwickelten, scheint da nur konsequent. Groths Gedichte verlagern den emotionalen Gehalt von Heimat in die Natur und in die Kindheit und beklagen den Verlust, der mit dem Erwachsenwerden unabänderlich einhergeht.[10] Alle die darin aufgerufenen Konnotationen sind bis heute gegenwärtig, wenn Menschen gefragt werden, was für sie Heimat ausmacht. Das spricht für die Kompatibilität dieser Bilder über die Zeiten hinweg.

Jenseits jeglicher räumlicher Mobilität wird mit der Verklärung von Kindheit als dem eigentlichen Ort von Heimat die Vertreibung aus dem Paradies Heimat zur biografischen Erfahrung gemacht. Das bürgerliche Lesepublikum damals war von den Gedichten Groths begeistert. Damit hatte sich um die Mitte des 19. Jahrhunderts ein neues gefühlsbetontes Verständnis von Heimat etabliert, das an Landschaftsbilder, traditionelle Volkskultur, regionale Sprache und die Erfahrung von Abschied und Verlust anknüpfte.

Diese Befindlichkeit wurde gegen Ende des 19. Jahrhunderts in der Heimatbewegung institutionalisiert. Der 1904 gegründete „Bund: Heimatschutz" setzte sich für Natur- und Denkmalschutz aber auch für

---

[10] Silke Göttsch-Elten, „… die möglichste Reinheit und Sauberkeit des plattdeutschen Stils …". Auf der Suche nach dem authentischen Volksleben um 1900. In: Robert Langhanke (Hg.): Sprache, Literatur, Raum. Festgabe für Willy Diercks. Bielefeld 2015, S. 537-548.

Brauchtums- und Trachtenpflege ein, also für genau jene Dinge, die zum materiellen Kern von Heimat erklärt wurden. In diesem Umfeld engagierten sich eine Vielzahl sehr unterschiedlich geprägter Persönlichkeiten und sozialer Gruppen, auf die ich im Einzelnen nicht eingehen will.[11] Diese breite gesellschaftliche Verankerung sorgte dafür, dass die Ideen der Heimatbewegung um 1900 stark rezipiert wurden. Dafür bediente man sich moderner Medien wie der Fotografie oder Herausgabe von populären Zeitschriften und erreichte so eine breite Öffentlichkeit. Lehrer schlossen sich in Heimatvereinen zusammen und gaben Heimatzeitschriften heraus, wie z. B. in Schleswig-Holstein die bis heute erscheinende Zeitschrift „Die Heimat"[12]. Fotografen wie Theodor Möller hielten das „Gesicht der Heimat"[13], so der Titel eines seiner Fotobände, fest. Und Autoren wie der Mecklenburgische Gymnasiallehrer Richard Wossidlo schrieben Mundart-Theaterstücke, die von Laiengruppen aufgeführt wurden und die Tradition des Volkstheaters begründeten.[14] Allen gemeinsam waren eine große Skepsis gegenüber der Großstadt als urbanem Lebensraum und eine Zivilisations- und Technikfeindlichkeit, der eine Idealisierung und Idyllisierung ländlich-bäuerlicher Kultur entgegengesetzt wurde. Um diese Dichotomie in plakative Bilder zu übersetzen, wurden biologistische Vokabeln wie *gesund* und *krank* bzw. *entartet* eingeführt. In der völkisch geprägten literarischen Heimatkunstbewegung, zu der auch der Dithmarscher Gustav Frenssen als einer der führenden Köpfe gehörte, wurde zudem eine stark anti-jüdi-

---

[11] Vgl. dazu Edeltraud Klueting (Hrsg.), Antimodernismus und Reform. Beiträge zur Geschichte der deutschen Heimatbewegung. Darmstadt 1991. Werner Hartung, Konservative Zivilisationskritik und regionale Identität am Beispiel der niedersächsischen Heimatbewegung 1895 – 1919. Hannover 1991.

[12] Jörn Christiansen, „Die Heimat". Analyse einer regionalen Zeitschrift und ihres Umfeldes. Neumünster 1980. (Studien zur Volkskunde und Kulturgeschichte Schleswig-Holsteins 6).

[13] Silke Göttsch-Elten, „Die schwere Kunst des Sehens". Zur Diskussion über Amateurfotografie in Volkskunde und Heimatschutzbewegung um 1900. In: Carola Lipp (Hg.): Medien popularer Kultur – Erzählung, Bild und Objekt in der volkskundlichen Forschung. Rolf-W. Brednich zum 60. Geburtstag. Frankfurt/ New York 1995, S. 395-405.

[14] Silke Göttsch-Elten, Richard Wossidlo – ein Pionier der wissenschaftlichen Volkskunde In: Kieler Blätter zur Volkskunde, 41 (2009), S. 9-20.

sche Gesinnung propagiert.[15] Damit hatte der Heimatbegriff um 1900 eine bemerkenswerte Entwicklung erfahren. Aus einem sentimentalen Gefühl war ein gesellschaftspolitisches Konzept, in manchen Kreisen sogar ein politischer Kampfbegriff geworden. Zwar war Heimat immer noch an die bereits etablierten Bilder gebunden, diese aber bekamen nun, formuliert als Zivilisations- und Gesellschaftskritik, die sich nicht scheute, düsterste Untergangsszenarien zu entwerfen, eine immense Schlagkraft. Zugleich wurden diese Bilder an biologistische und z. T. auch rassistische Vorstellungen gebunden, und somit erhielten Denkweisen über das „Fremde" und das „Arteigene" ihre Unterfütterung. Heimat war damit wiederum Privileg für diejenigen geworden, die dazugehörten, grenzte aber zugleich jene aus, denen man Heimat nicht zugestand, die man als „artfremd" diffamierte. In diesem Umfeld entstand auch das Schimpfwort von den „vaterlandslosen Gesellen", das Wilhelm Heinrich Riehl schon 1851 vorformuliert hat, als er von der Vaterlandslosigkeit des 4. Standes, der Arbeiterschaft, schrieb.[16] Im Wilhelminischen Kaiserreich wurde der Begriff für die Anhänger der Sozialdemokratie, aber auch mit Bezug auf die Mitglieder jüdischer Gemeinden verwendet. Damit hatte Heimat eine neue Qualität bekommen. Heimat war nicht mehr ein individuell erlebbares Gefühl, sondern Heimat war ein Begriff geworden, über den soziale Zugehörigkeit und sozialer Ausschluss, also Exklusion und Inklusion, verhandelt wurden. Heimat war um 1900 zu einem Leitbegriff der damals aggressiv betriebenen nationalen und gesellschaftlichen Identitätsarbeit geworden.

In den 1920er Jahren – auch als Konsequenz aus dem Trauma des Versailler Vertrages – wurde in den Schulen der Heimatkundeunterricht eingeführt. Eduard Sprangers Vortrag von 1923 „Der Bildungswert der Heimatkunde"[17] lieferte dafür die ideologische Begründung. Viele Volksschullehrer, die sich ohnehin schon in der Heimatgeschichts-

---

[15] Immer noch aktuell Karlheinz Rossbacher, Heimatkunstbewegung und Heimatroman, Zu einer Literatursoziologie der Jahrhundertwende. Stuttgart 1979.

[16] Wilhelm Heinrich Riehl, Die Naturgeschichte des Volkes als Grundlage einer deutschen Social-Politik. Band 2: Die bürgerliche Gesellschaft. 1. Auflage. Cotta, Stuttgart / Tübingen, S. 274.

[17] Eduard Spranger, Der Bildungswert der Heimatkunde. Rede und Eröffnungssitzung der Studiengemeinschaft für wissenschaftliche Heimatkunde am 23. April 1923. Erstveröffentlichung Leipzig 1943.

schreibung geübt hatten, verfassten nun Heimatbücher ihrer Landkreise, um dem Heimatkundeunterricht Materialien für den Unterricht zur Verfügung zu stellen. Der Bezug auf die Erfahrung des verlorenen Krieges wird dabei explizit thematisiert. So heißt es in der Einleitung zum Heimatbuch des Kreises Rendsburg 1922: „Das Vaterland liegt in Trümmern. Unsere Vaterlandsliebe hat die Belastung des Weltkrieges nicht ausgehalten. Der starke Pfeiler der Heimatliebe fehlte. Jetzt soll die Scholle der Heimat Keimzelle des Aufbaus werden … Mehr als früher muss daher Heimatbekenntnis und Heimatliebe in unser Volk hineingetragen werden …"[18] Was Heimat zu sein hatte, wurde nun zum Gegenstand eines Schulfaches gemacht, das den Heimatbegriff topografisch auf die preußische Verwaltungseinheit der Kreise beschränkte, historisch aber bis in die Urgeschichte verfolgte. Damit war der Heimatbegriff nun sehr klar auch räumlich definiert und sollte ganze Generationen in ihrem Heimatverständnis prägen.[19]

Der historische Rückblick schärft den Blick dafür, dass der Heimatbegriff schon vor der Zeit des Nationalsozialismus Kontur gewonnen hatte und dass ihm seit der Zeit um 1900 jene Bedeutungen eingeschrieben waren, die der Nationalsozialismus für seine Blut- und Bodenideologie und als Rechtfertigung für seine Expansionspolitik zu nutzen und zuzuspitzen verstand. Aber auch andere totalitäre Systeme wie die DDR verstanden es, den Heimatbegriff in ihre Ideologie einer sozialistischen Gesellschaftsordnung einzubauen.

---

[18] Heimatbuch des Kreises Rendsburg, hrsg. v. Jürgen Kleen, Georg Reimer, Paul v. Hedemann-Heespen. Rendsburg 1922, S. 1-2.

[19] Siehe dazu Silke Göttsch-Elten, „… von der Urgeschichte bis zur Gegenwart …" Landkreise: Beheimatungsstrategien in der verwalteten Welt. In: Manfred Seifert (Hg.): Zwischen Emotion und Kalkül. ‚Heimat' als Argument im Prozess der Moderne (= Schriften zur sächsischen Geschichte und Volkskunde Bd. 35). Leipzig 2010, S.73-84.

Ambivalenzen: Heimat der (Spät)-Moderne

Seiner Attraktivität in politisch fragilen Zeiten hat diese Geschmeidigkeit und Kompatibilität des Heimatbegriffes allerdings nicht geschadet, ganz im Gegenteil. Als die junge Bundesrepublik sich anschickte, eine moderne Gesellschaft zu werden, war Heimat zu Beginn der 1950er Jahre wiederum ein zentraler Bezugspunkt. Die Lebenswirklichkeit vor allem in den Städten widersprach den tradierten Heimatbildern erheblich: denn die Städte waren zerbombt; Flüchtlinge und Vertriebene wurden auch auf dem Lande einquartiert; und es gab überall Menschen auf der Straße, die kein Zuhause mehr hatten oder das, was sie für ihre Heimat hielten, nicht mehr wiedererkannten. Auf diese Erfahrungen reagierte ein neues Genre der Filmindustrie: der Heimatfilm. Einer der ersten dieser Art war der Film „Grün ist die Heide", der 1951 in die Kinos kam und der, wenn man ihn als zeitgeschichtliches Dokument liest, so gar nicht kitschig war, weil er sich sehr vielschichtig mit der Frage von Heimat und Heimatlosigkeit auseinandersetzte und letztendlich versuchte, Heimat als ein Schlüsselkonzept für die Integrationsarbeit einer zutiefst desintegrierten Gesellschaft zu diskutieren.[20]

Später verflachte der Heimatfilm zusehends, wurde regional auf Berge, Heide und Schwarzwald reduziert, sozial auf die Gegensätze oberflächliche Großstadt mit Vergnügungssucht und Bindungslosigkeit versus einfaches Landleben mit festen Werten und Normen verengt und zur Kulisse für banale Liebesgeschichten. Dafür waren es die Vertriebenenverbände, die in den späten 1950er und 1960er Jahren den Heimatbegriff für ihre Interessenspolitik vereinnahmten. Dabei ging es um die Rückgewinnung der „verlorenen Heimat", unabhängig davon, ob es dabei um die Einrichtung von Heimatstuben ging oder um sehr real formulierte Gebietsansprüche oder um Forderungen nach sozialer, ökonomischer, politischer und kultureller Integration in die junge Bundesrepublik.[21] Da medial verkitscht und politisch einseitig besetzt,

---

[20] Siehe dazu Dieter Bahlinger und Wolfgang Kaschuba (Hrsg.), Der deutsche Heimatfilm. Bildwelten und Weltbilder. Bilder, Texte, Analysen zu 70 Jahren deutscher Filmgeschichte. Tübingen 1989.

[21] Vgl. dazu ausführlich Cornelia Eisler, Verwaltete Erinnerung – symbolische Politik. Die Heimatsammlungen der deutschen Flüchtlinge, Vertriebenen und

entfremdeten sich immer mehr Menschen vom Heimatbegriff. Er galt vielen – vor allen den bürgerlichen Eliten – als suspekt.

Das änderte sich allerdings in den 1970er Jahren entscheidend. In den 1960er Jahren wurde in Deutschland die aus den USA kommende Folkbewegung zu einer Musikbewegung junger, politisch engagierter Menschen. 1964 fand auf der Burg Waldeck das erste Folk-Festival in Deutschland statt, was mit einer Neuentdeckung der eigentlich als konservativ gescholtenen Volkslieder einherging. Allerdings wurde damals auf eine andere Liedtradition als in den bürgerlichen Gesangsvereinen zurückgegriffen. 1965 hatte in der DDR Wolfgang Steinitz eine Sammlung unter dem Titel „Deutsche Volkslieder demokratischen Charakters"[22] veröffentlicht, die die Folkbewegung in der Bundesrepublik, aber auch in der DDR nachhaltig prägen sollte.[23] Steinitz hatte Lieder zusammengetragen, welche die Selbstbehauptung der sozialen Unterschichten gegen Obrigkeit und Staat thematisierten. Das waren vor allem Lieder aus dem Bauernkrieg, der Gesellenkultur usw. Damit wurden nun Volkslieder bei linken Liedermachern salonfähig und dies ging sehr schnell über die Steinitzschen Lieder hinaus. Besonders in den 1970er Jahren mit den Bürgerrechtsbewegungen wurden jene Lieder als Antwort auf die als Bedrohung empfundenen Zumutungen einer zentralistischen staatlichen Politik eingesetzt. In der Anti-Atomkraftbewegung spielte regionale und auch mundartliche Liedkultur eine große Rolle. Damit wurde der Begriff Heimat von seinen früheren konservativen Bedeutungen gelöst und ihm wurden demokratische Traditionen eingeschrieben. Überall dort, wo Gruppen und Milieus ihre Rechte oder ihre Umwelt bedroht sahen, unabhängig davon, ob das die frühe Ökologiebewegung oder ethnische und nationale Minderheiten waren, wurden Ansprüche auf Autonomie und politischer Teilhabe über

---

Aussiedler. München 2015. (Schriften des Bundesinstituts für die Kultur und Geschichte der Deutschen im östlichen Europa 57).

[22] Wolfgang Steinitz, Deutsche Volkslieder demokratischen Charakters aus 6 Jahrhunderten. 2 Bde. Berlin-DDR 1955 und 1962. (Das Buch erschien 1978 Jahren auch in der Bundesrepublik Deutschland.)

[23] Vgl. zur Rezeption Eckhard John (Hrsg.), Die Entdeckung des sozialkritischen Liedes. Zum 100. Geburtstag von Wolfgang Steinitz. Münster 2006. (Volksliedstudien 7).

den Bezug auf die bedrohte Heimat eingeklagt.[24] Zudem waren die beginnenden 1970er Jahre wiederum Zeiten politischer, wirtschaftlicher und gesellschaftlicher Instabilität. Die sogenannte Ölkrise kündigte das Ende des Wirtschaftswachstums an; Arbeitslosigkeit wurde zu einer neuen Erfahrung nach den Jahren des Wirtschaftswunders und der Vollbeschäftigung. Bereits 1972 hatte der Club of Rome auf die Grenzen des Wachstums aufmerksam gemacht und für die Folgen ungebremster Industrialisierung sensibilisiert. Dazu kamen die politischen Ereignisse der Studentenbewegung und der sich gründenden RAF. Die Erfahrung von Instabilität verstärkt das Bedürfnis nach stabiler Verortung, nach Identitätsangeboten; und da war der Heimatbegriff in seiner schillernden Bandbreite ein adäquater „Moderationsbegriff", wie der Kulturanthropologe Thomas Thiemeyer das kürzlich nannte.[25] Wiederum entstanden Heimatfilme, die häufig als Remake der Filme der 50er Jahre die ‚heile Welt' vorgaukelten. Auf der anderen Seite loteten junge Filmemacher auch die Abgründe der als Heimat angebotenen ländlichen Idylle aus: so der Film „Jagdszenen aus Niederbayern" von 1968, der auf der Grundlage eines Theaterstücks von Martin Speer von Peter Fleischmann verfilmt wurde. Darin ging es um die brutale und menschenverachtende Ausgrenzung von Menschen, die von der dörflichen Bevölkerung als „fremd" und „anders" wahrgenommen wurden, Menschen, die nicht aus dem Dorf stammten, oder einem jungen Mann, der homosexuell war usw. Damit wurde auch die Entlarvung der Heimatidylle zum Thema gemacht und auf die Ambivalenz des Begriffes Heimat verwiesen, der eben auch Ausgrenzung, also die Verweigerung von Heimat, bedeuten konnte. Aber das war keine Absage an Heimat, sondern das Einfordern eines Heimatbegriffs, der allen Menschen ein Recht auf Heimat zugesteht und dem es darum geht, die Engstirnigkeit eines bornierten Heimatbegriffs anzuprangern.

---

[24] Siehe dazu Peter Ulrich Hein, Protestkultur und Jugend. Ästhetische Opposition in der Bundesrepublik. Münster 1984. Konrad Köstlin, Der Umgang mit Mundart und Dialekt in der gegenwärtigen Gesellschaft. In: Konjunktur und Kommerz mit Plattdeutsch. Loccumer Protokolle 6/1986, S. 9-28.

[25] Siehe dazu Thomas Thiemeyer, Die Provinzialisierung der Heimat. Analysen und Alternativen. In: Blätter für deutsche und internationale Politik 3, 2018, S. 69-78. Online abrufbar https://www.blaetter.de/archiv/jahrgaenge/2018/maerz/die-provinzialisierung-der-heimat (Zugriff 30. 11. 2018)

Mit diesen neuen Thematisierungen im Kontext bürgerrechtlicher Bewegungen und künstlerischer Produktion erlangte der Heimatbegriff eine Deutungsoffenheit, die ihn für gesellschaftliche Debatten attraktiv machte. Heimat war in den 1970er Jahren in vielen Bereichen ein diskutierter Begriff, und es gab von verschiedenen Seiten Versuche, ihn zu definieren. Daran beteiligten sich Schriftsteller, Philosophen, aber auch Wissenschaftler. In den Kultur- und Sozialwissenschaften intensivierte sich die Diskussion darüber, was Heimat eigentlich sei, eine Diskussion, die eng verbunden war mit der Rezeption des Identitätskonzepts aus der Sozialpsychologie. Heimat und Identität, so der Titel des 1979 in Kiel veranstalteten Kongresses der Deutschen Gesellschaft für Volkskunde[26], wurden fast synonym verwendet: individuelle Befindlichkeit und ideologische Programmatik, also HEIMAT, einerseits und wissenschaftliches Konzept, also IDENTITÄT, andererseits.

Jenseits seiner politischen und gesellschaftlichen Verwendung ist Heimat aber auch ein Begriff, mit dem Menschen eine sehr persönliche Befindlichkeit ausdrücken. Dabei muss es gar nicht der Heimatbegriff selbst sein, der benutzt wird; im Gegenteil kann es sogar sein, dass der Begriff an sich mit Verweis auf seine Vereinnahmungen und Besetzungen vehement abgelehnt wird. Aber für fast alle Menschen gilt, dass sie Wörter haben, mit denen sie das Gefühl von Identifikation mit ihrer sozialen und/oder räumlichen Umwelt beschreiben. Deshalb ist es notwendig, darauf zu verweisen, dass Heimat mehr ist als nur ein Konzept, ein Begriff, über dessen Verwendung mit guten Gründen gestritten werden kann, sondern auch eine Sache, eine Befindlichkeit, die für Herausbildung von Identität von großer Bedeutung ist und deshalb auch in diesem Kontext betrachtet werden muss. Karl Jaspers hat das auf die Formel gebracht: *Heimat ist da, wo ich verstehe und wo ich verstanden werde.*[27]

---

[26] Siehe dazu Konrad Köstlin und Hermann Bausinger (Hrsg.), Heimat und Identität. Probleme regionaler Kultur. Neumünster 1980. (Studien zur Volkskunde und Kulturgeschichte Schleswig-Holsteins 7).

[27] Zit. n. Desirée Bender u. a., Auf den Spuren transnationaler Lebenswelten. Ein wissenschaftliches Lesebuch. Erzählungen – Analysen – Dialoge. Bielefeld 2015, S. 157.

Ich möchte zwei Positionen gegenüberstellen, nicht weil ich glaube, dass sie es auch nur annähernd leisten können, diesen Begriff in seiner Komplexität und Heterogenität zu erfassen, sondern weil sie den weiten Rahmen abstecken, in dem dieser Begriff bis heute konzeptualisiert und diskutiert wird.

1972 hat die Kulturanthropologin Ina Maria Greverus in ihrem Buch „Der territoriale Mensch"[28] versucht, den Heimatbegriff in seiner lebensweltlichen Bedeutung zu erfassen. Es geht ihr dabei nicht um eine wissenschaftliche Definition dieses an sich undefinierbaren Begriffs, sondern um die grundsätzliche Überlegung, was für den Menschen Heimat ausmache. Auch sie kann sich noch nicht von einem räumlichen Bezug lösen. Angesichts der Veränderungen der letzten Jahrzehnte, die mit den Stichworten Migration, Digitalisierung und Globalisierung und dem in den Kulturwissenschaften propagierten spatial turn nur angedeutet werden können, kann Raum natürlich nicht mehr auf einen territoriales, topografisches Gebilde verengt werden, sondern wird als ein über soziale Praktiken hergestellter Raum gedacht. Aber auch dann lässt sich mit dem Verständnis, dass Heimat ein **Satisfaktionsraum** ist, durchaus etwas anfangen. Dieser Satisfaktionsraum als Raum, in dem grundlegende Bedürfnisse des Menschseins befriedigt werden, ist nach Greverus durch drei Merkmale bestimmt: erstens geht es um **Schutz**, den der Raum bieten muss; es muss also ein Ort sein, an den man befriedet und angstfrei leben kann. Dann soll dieser Raum ein **Handlungsraum** sein, also ein Raum, an dem ein Mensch agieren kann, der Vertrautheit vermittelt und nicht verunsichert. Daraus ergibt sich dann eine **Identifikation** mit dem Raum, ein In-eins-Fühlen oder das Erkennen und Erkannt-Werden. Es wird sicher deutlich, dass damit ein Raum gemeint ist, der sehr stark durch die Fähigkeit und Möglichkeit, zu agieren und zu handeln, aber auch durch befriedigende soziale Beziehungen bestimmt ist, ein Raum also, den man versteht und in dem man verstanden wird, wie Karl Jaspers das formulierte. Solche Überlegungen führen uns zu der kulturwissenschaftlich höchst relevanten Frage nach der Konstruktion von Identität.

---

[28] Wie Anm. 7.

Eine ganz anders argumentierende, aber sehr einflussreiche Position hat der Philosoph Ernst Bloch eingenommen. Er vertritt einen enträumlichten Heimatbegriff und verbindet damit eine politische Utopie. Ihm geht es um den „Umbau der Welt zur Heimat". Für ihn steht Heimat am Ende der Geschichte, die durch den Menschen gemacht wird, und bezeichnet die Gesellschaft, an der alle Menschen mitarbeiten, die sie gemeinsam erschaffen wollen, das was Bloch „reale Demokratie" nennt. Und ich zitiere seinen berühmten Satz: „so entsteht etwas, das allen in die Kindheit scheint und worin noch niemand war: Heimat."[29]

Mit diesen beiden Positionen scheint mir der Horizont abgesteckt zu sein, vor dem Heimat als lebensweltliches Phänomen aber auch als gesellschaftliche Utopie diskutiert wird: Heimat als etwas, das den Menschen ermächtigt, in seiner sozialen Umwelt zu handeln und sich vertraut, also beheimatet zu fühlen; und zum anderen der philosophisch-politische Imperativ, die Welt, in der wir leben, zur Heimat als einer zutiefst gerechten und demokratischen Gesellschaft umzubauen. Kritisch anzumerken ist für beide Konzepte, dass es jeweils um einen eher statisch gedachten Heimatbegriff geht. Angesichts von Globalisierung und Migrationserfahrungen haben sich die Kulturwissenschaften auf ein dynamisches Konzept von Heimat verständigt, das nach den Strategien von Beheimatung als einem lebenslangen Prozess fragt, der in immer wieder sich verändernden räumlichen und sozialen Konstellationen stattfindet.[30] Wie schaffen sich Menschen Heimat, die immer wieder ihren Wohnort wechseln (müssen)? Wie wirken sich die Erfahrung des Lebens in Patchworkfamilien, von Arbeitsmobilität und dem Pendeln zu Zweitwohnsitzen aus, was heißt es für die Konstruktion von Identität, wenn Mehrortigkeit mehr und mehr zur gesellschaftlichen Normalität wird, wenn Migration und Heimatverlust für viele Menschen in unserer Gesellschaft Realität sind und verarbeitet werden müssen? Welche kulturellen Praktiken bilden Menschen dabei aus, wie arrangieren sie sich mit immer neuen Herausforderungen, wie werden Heimaten an sehr unterschiedlichen Orte geschaffen? Dabei ge-

---

[29] Ernst Bloch, Das Prinzip Hoffnung. 3. Bd. Frankfurt/Main 1969, S. 1628.
[30] Siehe dazu Beate Binder, Heimat als Begriff der Gegenwartsanalyse? Gefühle der Zugehörigkeit und soziale Imaginationen in der Auseinandersetzung um Einwanderung. In: Zeitschrift für Volkskunde 104, 2008, S. 1-17.

schieht Beheimatung in ständiger und aktiver Auseinandersetzung mit der räumlichen und sozialen Umwelt. Und letztendlich sind auch das wichtige Fragen: Wie wird Beheimatung zugelassen? Wie werden über die ideologisierte Heimatvorstellungen Aus- und Abgrenzungsdiskurse geführt?

Damit komme ich zu meinen Anfangsüberlegungen zurück. Warum ist Heimat im Augenblick ein so umkämpfter Begriff? So umkämpft, dass der Thüringer Ministerpräsident Bodo Ramelow, welcher der Partei Die Linken angehört, sagt, er lasse sich seine Heimat von keinem Nazi streitig machen.[31] Oder der Grünenpolitiker Robert Habeck in langen Interviews, so z. B. auf spiegel-online mit der Schriftstellerin Sascha Saltzmann, der zwar gegen Seehofers Heimatministerium polemisiert, aber den Heimatbegriff an sich als Synonym für Geborgenheit und Vertrautheit und damit als Stabilitätsversprechen in den gegenwärtigen als krisenhaft erlebten Zeiten stark machen will.[32]

Das 2017 in Nordrhein-Westfalen eingeführte Resort Heimat hat seinen Ort nicht im Innenministerium gefunden, sondern bezeichnenderweise im Ministerium für Kommunales, Bau und Gleichstellung. Hier kommt anders als in Bayern und im Bund ein gesellschaftlich profilierter Heimatbegriff zur Anwendung:

„Nordrhein-Westfalen bietet uns allen eine lebenswerte Heimat im Herzen Europas. Weltoffenheit und Toleranz, Verantwortungsgefühl und Gemeinsinn schaffen einen starken gesellschaftlichen Zusammenhalt – ob in den großen Städten oder in den ländlichen Regionen.
Ziel der neuen Landesregierung ist es, Heimat zu stärken. Denn wo das Heimatgefühl stark ist, fühlen sich Menschen wohl und sicher."[33]

Und um diesen Ambitionen Taten folgen zu lassen, hat die zuständige Ministerin Ina Scharrenberger 113 Millionen Euro für die Förderung kultureller Projekte in Aussicht gestellt. In die Kritik ihrer eigenen Par-

---

[31] Siehe dazu https://www.t-online.de/nachrichten/deutschland/innenpolitik/id_83367050/bodo-ramelow-laesst-sich-die-heimat-von-keinem-nazi-wegnehmen-.html (Zugriff 30. 11. 2018)

[32] Siehe dazu http://www.spiegel.de/politik/deutschland/robert-habeck-und-sasha-marianna-salzmann-sprechen-ueber-heimat-a-1204773.html (Zugriff 30. 11. 2018)

[33] Siehe dazu https://www.mhkbg.nrw/heimat/index.php (Zugriff 30. 11. 2018)

teikollegen kam die CDU-Ministerin mit der Ankündigung, dass sich auch islamische Kulturvereine um Förderung bewerben können. Das bezeichnete Wolfgang Bosbach als „irritierend", denn ihm sei nicht bekannt, „dass dort (in den islamischen Kulturvereinen) durch kulturgeschichtliche Arbeit Heimatpflege und Heimatförderung betrieben wird. Und ich gehe auch nicht davon aus, dass diese Aufgaben dem Selbstverständnis des Verbandes entsprechen."[34]

Den entlang gesellschaftlicher Wirklichkeit formulierten Vorstellungen des nordrhein-westfälischen Ministeriums stellt Bosbach ein Heimatverständnis entgegen, das ausgrenzt und Heimat auf regional und lokal verankerte Traditionspflege, d. h. das Recht auf Heimat auf jene Menschen verengt, die sich mit regionaler und lokaler Geschichte beschäftigen. Dabei ist gerade das Ruhrgebiet ein Beispiel dafür, dass regionale Geschichte immer zugleich auch die Geschichte von Zuwanderung und Integration ist. Der Bergbau im Ruhrgebiet, aber auch die große Bedeutung des Fußballs dort wären undenkbar ohne jene Arbeiter, die am Ende des 19. Jahrhunderts aus Polen zugewandert sind.[35]

Heimat – ein widersprüchlicher Begriff

Wenn man sich dagegen anschaut, was Heimat für Menschen jenseits von politischer Stimmungsmache ausmacht, dann finden sich immer wieder sehr ähnliche Vorstellungen: Geborgenheit, Freunde, Familie, Vertrautheit, Erkennen und Erkanntwerden. Wenn man das ernst nimmt, dann ist Heimat ein offener Begriff, der etwas über eine gelungene Identität aussagt. Begriff und Sache Heimat sind also beileibe nicht identisch, aber die emotionale Gestimmtheit, die dem Begriff eingeschrieben ist, hat ihn immer wieder zu einem umkämpften Begriff werden lassen. In aktuellen Zeiten, die alles andere als Stabilität und Sicherheit versprechen, sondern in vielerlei Hinsicht als unsicher und fragil wahrgenommen werden, scheint der Heimatbegriff in der Tat zu einem „Moderationsbegriff", um noch einmal Thomas Thiemeyer zu

---

[34] Wie Anm. 5.
[35] Siehe dazu Franz-Josef Brüggemeier, Leben vor Ort. Ruhrbergleute und Ruhrbergbau 1889 – 1919. München 2. Aufl. 1984. Siegfried Gehrmann, Fußball, Vereine, Politik. Zur Sportgeschichte des Reviers 1900 – 1940. Essen 1988.

zitieren, geworden zu sein, der es leisten soll, die desintegrativen Kräfte in einem Konzept zu bündeln, das auf Stabilisierung und Sicherheit ausgelegt ist. Der emotionale Gehalt des Begriffs Heimat scheint dabei allen politischen Lagern ein Profil versprechender Anknüpfungspunkt dafür zu sein. Die Geschichte der Instrumentalisierung des Begriffes allerdings sollte sensibel machen, wer in welcher Absicht und mit welchen Bildern von Heimat spricht und für wen sie reklamiert wird.

Ob man deshalb aber das Heimatmuseum so wie Zygmunt Rogalla gleich anzünden muss, sei dahingestellt. Es würde schon genügen, einmal gründlich aufzuräumen und zu entstauben und sich dann zu überlegen, wie der Heimatbegriff ins Zentrum einer breit geführten gesellschaftlichen Debatte darüber gestellt werden kann, wie wir die Welt, in der wir leben, zur Heimat für alle Menschen umbauen können. Auf keinen Fall aber sollte der Heimatbegriff rechten Gruppierungen überlassen werden. Denn seine Geschichte zeigt, wie anfällig er für ideologische Vereinnahmungen ist. Seine Karriere und seine Konjunkturen sind eng verknüpft mit politischen und gesellschaftlichen Erfahrungen von De-Stabilisierung und Verunsicherung. Wenn Heimat, von wem auch immer, in solchen Zeiten als Heilsversprechen aufgefahren wird, dann sollte man genau hinschauen, welche Ängste und Bedrohungsszenarien damit geschürt werden und welches Angebot mit dem Heimatversprechen gemacht wird. Denn er wird immer noch und immer wieder als ein rückwärtsgewendetes Konzept vorgetragen, mit dem Ausgrenzung und Zugehörigkeit in unserer Gesellschaft verhandelt werden. Aber die Debatten über die Bandbreite der Gesellschaft hinweg zeigen auch, dass es einen breiten Konsens gibt, Heimat zu einem Konzept zu machen, das integrativ und stabilisierend wirken soll und damit der Bloch'schen Vorstellung vom Umbau der Welt zur Heimat näher ist als einem konservativen Verständnis von Heimat, das nach räumlicher Verwurzelung und traditioneller Lebenswelt fragt.

Elin Fredsted
Ein Versuch, ‚Heimat' zu entlasten –
erinnerungskulturelle Ansätze

Einleitung

Oft wird Siegfried Lenz' Roman ‚Heimatmuseum' (Erstauflage 1978) als Beispiel hervorgehoben, warum ‚Heimat' und ‚Heimatmuseum' problematische Phänomene sein können, die man lieber meiden oder wenigstens mit Misstrauen und kritischem Sinn betrachten sollte. Die am Anfang des Romans unerklärliche Tat, das Niederbrennen des ‚exilierten' masurischen Heimatmuseums, wird im Laufe des Romans immer klarer: um nämlich eine politisch-ideologische Vereinnahmung des Museums zu vermeiden (vgl. Göttsch-Elten in diesem Band).

Die Erzählerfigur, Zygmunt Rogalla, gewinnt aber gerade durch die Versprachlichung seiner Erinnerung, durch die Wiedergabe seiner persönlichen Lebensgeschichte, die Interpretationshoheit über die Geschichte seiner Heimat zurück: Gegenstände eines Museums können so oder so interpretiert werden, können sich aber nicht gegen Missbrauch oder Vereinnahmung wehren; die Versprachlichung der Erinnerungen dagegen ist eindeutiger. Der Ich-Erzähler kommentiert die Problematik des Begriffes ‚Heimat' wie folgt:

> ‚Wie bitte? Ein schlimmes Wort? Ein belastetes Wort? (…) Ich verstehe Sie, mein Lieber, ich verstehe Sie schon: Sie möchten die Heimat verantwortlich machen für eine gewisse Art von hochmütiger Beschränktheit, [S]ie möchten ihr Fremdenhaß anlasten, den borniertem Dünkel der Seßhaftigkeit, Sie möchten sie verstehen als geheiligte Enge, in der man sich unvermeidlich seine Erwähltheit bestätigen muß, mit einem gehobelten Brett vor dem Kopf.
> Ich weiß, ich weiß: Heimat, das ist der Ort, wo sich der Blick von selbst näßt, wo das Gemüt zu brüten beginnt, wo Sprache durch ungenaues Gefühl ersetzt werden darf …' (Lenz 2016: 144)

Der Ich-Erzähler verwirft den Begriff Heimat jedoch keineswegs:

> ‚(…) was spricht denn gegen den Versuch, dieses Wort von seinen Belastungen zu befreien? Ihm seine Unbescholtenheit zurückzugeben? (…) es ist der Winkel vielfältiger Geborgenheit, es ist der Platz, an dem man aufgehoben ist, in der Sprache, im Gefühl, ja selbst im Schweigen

aufgehoben, und es ist der Flecken, an dem man wiedererkannt wird; und das möchte ich doch wohl eines Tages: wiedererkannt, und das heißt aufgenommen werden.' (Lenz 2016: 144)

In diesem kurzen Textabschnitt wird klar, dass ‚Heimat' ein Janus-köpfiger Begriff ist: Einerseits bedeutungsoffen und anfällig für politisch-ideologisch motivierte Interpretationen und Projektionen wie Ausgrenzung und Xenophobie; andererseits ein individuelles Gefühl, das durchaus positiv und integrativ besetzt ist: der Ort, an dem der Erzähler wiedererkannt und aufgenommen werde. Man könnte es auch anders formulieren: der Ort, an dem die Möglichkeit einer besonderen Weltbeziehung besteht.

Der Ich-Erzähler (re)konstruiert seine Lebensgeschichte, um einem ihm bis dahin unbekannten Zuhörer seine Motive zu erklären. Er bezieht sich dabei immer wieder auf Gegenstände des von ihm selbst niedergebrannten masurischen Heimatmuseums, das er in Schleswig-Holstein an der Schlei wieder aufgebaut hatte. Sowohl er selbst als auch die Gegenstände des Museums sind durch Kriege und Vertreibung heimatlos geworden: diese Welt gibt es nicht mehr. Nicht nur sind Personen und Gegenstände exiliert, sie sind auch ‚vereinsamt'; denn die Erinnerungen des Ich-Erzählers haben im Erzählaugenblick einen individuellen Charakter; und in dem fiktiven Rahmen des Romans werden sie einer fremden Einzelperson erzählt. So funktionieren sie nicht mehr als kollektive Erinnerungen einer Gemeinschaft von Menschen. Ich würde das Dilemma so formulieren: Der soziale Rahmen der Erinnerungen ist nicht mehr vorhanden; aber das individuelle Gedächtnis braucht einen sozialen Bezugsrahmen, um als kulturelles und gemeinschaftliches Gedächtnis kommuniziert werden zu können.

Neue Paradigmen

Die Zeit der Zeitzeugen, die persönliche Erinnerungen an Vergangenes wiedergeben können, liegt bei maximal 80 Jahren nach den jeweiligen Begebenheiten. Wo die Vergangenheit nicht mehr erinnert bzw. gelebt wird, fängt die Geschichte an (vgl. Assmann 1997: 44). Die geschriebene Geschichte fängt im allgemeinen eben dort an, wo die Erinnerung aufhört, ,in einem Augenblick, in dem das soziale Gedächtnis erlischt und sich zersetzt.' (Halbwachs 1991: 66). Die beiden europäischen ,Weltkriege' gehören kaum mehr zu den persönlichen Erinnerungen, sondern zur Geschichte.

> ,Das kollektive Gedächtnis reicht bis zu einer bestimmten Grenze in die Vergangenheit zurück – einer Grenze, die im übrigen je nach der Gruppe, um die es sich handelt, mehr oder weniger weit zurückliegt. Darüber hinaus erfaßt es die Ereignisse und Menschen nicht mehr in unmittelbarer Weise.' (Halbwachs 1991: 100)

Unsere Erfahrungs- und Erinnerungswelt der 2000er ist eine andere als in den Zeiten der Kriege, der Zwischenkriegs- und Nachkriegszeit: Die Globalisierung der Ökonomie und die Kommerzialisierung der internationalen (vor allem US-amerikanischen) Popkultur führen zu Nivellierung und Kommodifizierung, die auch vor den regionalen Kulturen nicht mehr Halt machen. Die geographische Peripherie, die regionalen, ländlichen Kulturen und Sprachen (die man traditionell mit ,Heimat' verbindet) erleben in diesen Jahren durch die Tourismusindustrie eine nie dagewesene Kommodifizierung: die Lebensweise, Sprachen und Kultur der indigenen Bevölkerungen (z.B. der Samen in Norwegen) werden äußerst intensiv als Touristenattraktion vermarktet (vgl. Pietikäinen et al. 2016). Das sog. ,Authentische' scheint immer mehr zu verschwinden oder als Werbung, Freizeitgestaltung und Unterhaltung verkauft und verbraucht zu werden. Die Samen beispielsweise ziehen ihre Trachten an, holen den Renntierschlitten heraus und stellen den Motorschlitten in die Scheune, wenn das Schiff der *Hurtigruten* die Touristen bringt.[1] Eine andere Frage ist, ob das Erlebnis bei den Touristen durch die organisierte und kommerzialisierte Tourismusindustrie und gekaufte Souvenirs geringer wird? Oder gibt es tatsächlich beim ,Andenken' einen Zusammenhang zwischen erlebnisreich und erfahrungsarm, wie Walter Benjamin vorschlägt: die abgestorbene Erfahrung, ,welche sich euphemistisch Erlebnis nennt.' (Benjamin 1974: 681)? Wenn man dauerfotografierende Touristen beobachtet, kommt mir unwillkürlich der Gedanke, dass der moderne Mensch bestrebt ist,

---

[1] Dies war einer Fernsehdokumentation zu *Hurtigruten* (am 30.03.2018 und 02.04.2018 vom NDR gesendet) zu entnehmen.

eine Beziehungslosigkeit zur Welt kompensatorisch durch Artefakte (wie Fotos und Souvenirs) herzustellen.

Gleichzeitig wird unsere wahrnehmbare Umwelt in den urbanisierten Gegenden Mitteleuropas ästhetisch immer eintöniger. Die Einkaufs- und Fußgängerzonen der Städte sehen fast überall gleich aus. Man findet die gleichen Geschäfte überall; das eine Einkaufszentrum in unserer urbanisierten Umwelt unterscheidet sich kaum vom nächsten, so dass wir eine Verarmung unserer unmittelbaren städtischen Erlebniswelt feststellen müssen, z.B. wenn wir dies mit den Passagen des späten 19. Jahrhunderts in Paris vergleichen. Typisch für unsere mitteleuropäische Städte des 21. Jahrhunderts ist ein Wiederkehr des immer Gleichen, des Nivellierten.

Die ganze Welt ist erreichbar geworden; es scheint jedoch, was an Extension/Reichweite gewonnen, gleichzeitig an Intensität verloren gegangen zu sein (vgl. Kierkegaard 1846 / 2004: 98)[2]. Die Verfügbarkeit der Welt bedeutet gleichzeitig ihre ‚Entzauberung' (Max Weber 1988: 593). Können wir auf diesem Hintergrund erklären, dass in der Spätmoderne ‚Heimat' auf verschiedenen Ebenen in den letzten Jahren eine Renaissance erlebt? Oder wird der Begriff wieder aktuell, weil ‚Heimat' ein knappes Gut geworden ist und deshalb an Wert gewinnt?

Eine veränderte Erfahrungswelt erfordert neue Erklärungsmodelle, die von Philosophen, Kulturwissenschaftlern und Soziologen analytisch formuliert werden als nostalgische Retrotopia (bei Zygmunt Baumann), als Spannungsfeld zwischen Schnelligkeit und Langsamkeit, Synchronie und Diachronie (Odo Marquard), als Resonanz (bei Harmut Rosa) und als kulturelles Gedächtnis (bei Maurice Halbwachs und Jan Assmann).

---

[2] ‚Overhovedet kan man om en lidenskabsløs men reflekteret Tid i Sammenligning med en lidenskabelig sige: *den vinder i Extensitet, hvad den taber i Intensitet.* Men denne Extensitet kan atter blive Betingelsen for en høiere Form, naar en tilsvarende Intensitet igjen indtager, hvad det extensivt er disponeret over.' (Kierkegaard 1846 / 2004: 98)

Retrotopia und Nostalgie

In seinem letzten Buch *Retrotopia* (2017) beschreibt der Soziologe Zygmunt Bauman kritisch die heutige – in seinen Augen dominante – Tendenz zur Nostalgie: die Vergangenheit verherrlichen und gleichzeitig der Zukunft angstvoll und mit bösen Erwartungen pessimistisch entgegenzusehen. Als Paul Klees Bild vom ‚Angelus Novus‘ (1920) und Walter Benjamins Interpretation davon entstanden, war es umgekehrt: In der Interpretation Benjamins betrachtet der ‚Engel der Geschichte‘ die Vergangenheit mit Schaudern. Baumann illustriert die heutige Tendenz durch einen Umkehr des Engels in Klees Zeichnung: Das Grauen liegt heute in der Zukunft, die Hoffnung in der Vergangenheit (Bauman 2017: 9 ff).

Historisch gesehen stimmt Baumans Analyse jedoch nur begrenzt. Beispielsweise wähnten sich viele Menschen im 16. Jahrhundert, ‚am Ende der Zeit‘ zu leben, und folglich erlebten apokalyptische Visionen damals eine Hochkonjunktur. Ich selbst bin alt genug, um die apokalyptische Angst während des Kalten Krieges und der atomaren Aufrüstung in Mitteleuropa erlebt zu haben. Näher an einem Verständnis unseres Zeitgeistes scheint mir Odo Marquardt mit seiner ‚Doppel-Diagnose‘ des modernen Menschen zu liegen: Wir sind so fortschrittsverwöhnt, dass wir Fortschritte erwarten und kaum zu schätzen wissen. Mein neues iPhone muss natürlich mehr können als das alte. Fortschritte in der medizinische Forschung und Raumfahrt betrachten wir als ‚zeitgemäß‘. Aber gleichzeitig braucht der moderne Mensch Kontinuität und Vertrautheit in seiner Umwelt.

‚Zukunft braucht Herkunft‘

Odo Marquard formuliert seine Kulturtheorie im Rahmen einer anthropologischen Grundvoraussetzung: die Kürze des menschlichen Lebens. (Marquard 2000: 66 ff). Das Verstehen des Synchronen ist nur durch die Diachronie möglich. Marquard betont das Spannungsverhältnis zwischen der Beschleunigung der technischen Entwicklung, der Kürze des menschlichen Lebens und der Langsamkeit der menschlichen

Evolution und der Begrenztheit des menschlichen Daseins. Aus dieser Spannung leitet er die Notwendigkeit ab, Herkunft, Vertrauen und Kontinuität mit in die Zukunft zu bringen, wie das kleine Kind seinen Teddy überall mitbringt.

> ‚Die Fortschrittskultur der modernen Welt ist die gesteigerte Kultur seiner Schnelligkeit; die Erinnerungs- und Bewahrungskultur der modernen Welt ist die gesteigerte Kultur seiner Langsamkeit; durch sie nimmt der Mensch in die immer schneller sogleich wieder anders und dadurch fremd werdende moderne Welt das schon Vertraute mit, just so, wie die ganz jungen Kinder – für die die Wirklichkeit ja ebenfalls unermeßlich neu und fremd ist – ihre eiserne Ration an Vertrautem ständig bei sich führen und mit sich herumtragen: ihren Teddybären; denn der Teddybär – als *transitional object* – sichert ihnen Kontinuität.' (Marquard 2000: 54)

Die begrenzte menschliche Lebenszeit spielt sich in einem Spannungsfeld zwischen Schnelligkeit (Zukunft, Innovation und Wandlungsbeschleunigung) und Langsamkeit (das Hineingeborensein in Tradition und Herkunft) ab. Es geht nach Marquard darum, diese Spannung auszuhalten: Je mehr Zukunft durch die beschleunigte technologische Entwicklung für uns ‚das Fremde' wird, desto mehr an Vergangenheit und Vertrautem müssen wir in die Gegenwart und Zukunft mitnehmen und pflegen. So entsteht in der Moderne eine intensivierte Erinnerungskultur:

Menschen, die in einer zunehmend diskontinuierlichen Welt leben, müssen ihre Kontinuität besonders schützen; deshalb entsteht ein gestiegener Sinn für das Historische und für die individuelle Lebensgeschichte. Die Lebensgeschichten gehören zu den notwendigen Kompensationen, die es uns ermöglichen, in der technischen Modernität zu leben (Marquard 2000: 53). Je mehr technologisch bestimmt, anonym und schematisch unsere Lebensweise in der Post-Moderne wird, desto mehr streben wir nach dem Gegenteil: nämlich einem individuellen und selbstbestimmten Leben und nach einer narrativen Identität. Dies bedeutet, dass die Modernität gleichzeitig ihren Gegensatz produziert, die Kontra-Modernität. Die Narrative von einem selbstbestimmten, ‚authentischen' Leben gehören zu diesen Kompensationsmechanismen, die uns helfen, in der technologischen Modernität zu existieren.

Nach Marquard leben wir in einem Zeitalter des Ausrangierens und der Erinnerungskultur. Einerseits das Ausrangieren: Neutralisierung der Traditionswelt durch Modernisierungskräfte des technologischen Fortschritts und der traditionsunabhängigen Naturwissenschaften.

,Die Modernisierungskräfte des Fortschrittswelt operieren traditionsneutral: Nur so – traditionsneutral – kann die moderne Naturwissenschaft (…) immer schneller zu traditionsunabhängig überprüfbaren Resultaten kommen, nur so – traditionsneutral – kann die moderne Technik gewachsene Traditionswirklichkeiten immer schneller durch artifizielle Funktionswirklichkeiten ersetzen, nur so – traditionsneutral – kann die moderne Wirtschaft ihre Produkte immer schneller zu Waren des weltweiten Handels machen. Die – zunehmend schnelle – Fortschrittswelt ist Neutralisierungswelt'. (Marquard 2000: 50)

Die Traditionen einer obsoleten Vergangenheit werden als Vorstufen heutiger Fortgeschrittenheit interpretiert oder deren nah bevorstehendes Absterben wird prognostiziert (wie es z.B. mit den Dialekten und regionalen Sprachen der Fall ist). Die moderne Gesellschaft ist eine Wegwerfgesellschaft.

Wir sehen aber auch andererseits gegenläufige Tendenzen: Denn – so Marquard – wäre die Welt nur Fortschritt und Ausrangieren, gingen die Menschen durch Innovationsüberforderung zugrunde (Marquard 2000: 51) Die andere Wahrheit ist diese:

,Die moderne Welt des Fortschritts und des Ausrangierens ist zugleich auch Bewahrungs- und Erinnerungswelt. Sie entwickelt (…) kontinuitätsschützende Kräfte, die das Ausrangierte bewahren; und zum wichtigsten Kompensationsorgan wird dabei die – wissenschaftliche, konservatorische, museale – Erinnerungskultur.' (Marquard 2000: 51)

Der moderne *homo faber* ist gleichzeitig ein *homo compensator* und ein *homo conservator*. (Marquard 2000: 11 ff.). Immer mehr Vergessenes wird bewusst erinnert. Um es vor dem Verschwinden zu retten, wird es in Museen untergebracht, deren Zahl und Vielfalt im 20. Jahrhundert stark zugenommen haben: Alte Gebäude ins Freilichtmuseum, Brauchtum ins Heimatmuseum, überholte Gewerbeformen ins Arbeits- und Industriemuseum, überholte Technik ins Technikmuseum, Medien ins Kommunikationsmuseum, die Kunstavantgarde von gestern ins Museum für moderne Kunst etc. Gleiches gilt auch für die Altstadt- und

Altbausanierung, die dafür sorgen soll, dass wir unsere Städte noch teilweise als kontinuierlichen Lebensraum erleben können.

Jedoch könnte man Marquard vorwerfen, dass er sich der Tradition gegenüber relativ unkritisch verhält: Er versteht ‚Herkunft' als positives Korrektiv gegenüber den Verlusterfahrungen der Moderne. Allerdings müsste man Tradition etwas differenzierter sehen: sie kann ideologisch missbraucht und als Unterdrückungsmechanismus verwendet werden – und wird es auch!

‚Heimat' als besondere Weltbeziehung

In seinem viel beachteten Werk ‚Resonanz. Eine Soziologie der Weltbeziehung' (2016) entwickelt Hartmut Rosa eine soziologisch und philosophisch begründete, holistische Theorie der Moderne. Der Bezugspunkt seiner Theorie hat Ähnlichkeiten mit Marquard im Bereich der Modernitätserfahrung und der Beschleunigung, bei Rosa vor allem aus der Perspektive der Weltbeziehung des Individuums und der Weltreichweitenvergrößerung gesehen, welche die heutige Welt leicht erreichbar und verfügbar macht. Im Unterschied zu Marquard ist Rosas Theorie der Resonanz und seine Analyse der modernen Formen der Weltbeziehung nicht anthropologisch fundiert, sondern historisch-soziologisch, also auf die Veränderbarkeit der Weltbeziehung fokussiert.

In dem Kapitel ‚Die Moderne als Geschichte gesteigerter Resonanzsensibilität' behandelt Rosa ‚Heimat' in Verbindung mit den nur scheinbar gegensätzlichen Begriffen von Weltreichweitenvergrößerung und Weltanverwandlung, wobei ‚Heimat' als Ausdruck eine Weltanverwandlung gesehen wird:

> ‚Dass wir hinausziehen können in die Welt, um den Platz zu finden, der ›uns anspricht‹, an dem wir heimisch werden können, den wir zu unseren machen dürfen – das ist die Verheißung der modernen Freiheitsvorstellung. „Unseren Platz finden" meint dabei das Herstellen von lebendigen Beziehungen in allen Dimensionen: Der physische Ort, der uns Heimat werden kann, wie der Beruf, der Lebenspartner, die ästhetischen Praktiken, die religiöse, politische oder sonstige Weltanschauungsgemeinschaft usw.' (Rosa 2016: 599).

Rosa nimmt seinen Ausgangspunkt im ‚Modell Romantik' und behandelt ‚Heimweh' als Pendant zu den Begriffen ‚Sehnsucht' und ‚Fernweh' beispielhaft an Gedichten von Eichendorff. Nach Rosa bezeichnet ‚Heimat' etwas,

‚was immer schon als verloren erscheint. *Was* er aber bezeichnet (…), ist eine spezifische *Form der Bezugnahme* auf einen Weltausschnitt. Als Heimat bezeichnen wir das Resonanzverhältnis zu einem anverwandelten Stück Welt – klassischerweise einem Ort, an dem *die Dinge zu uns sprechen* und uns *etwas sagen*. (…) Sie sprechen deshalb, weil sie Resonanzen in unserer je eigenen biographischen Erinnerung und zu denjenigen Menschen, mit denen uns eine gemeinsame Geschichte verbinden, auslösen.' (Rosa 2016: 602).

Die Ähnlichkeiten in den Formulierungen zu Lenz' Erzähler (siehe Einleitung) sind nicht zu übersehen. Aber wichtig für die Argumentation von Rosa ist, dass Heimat, um resonant zu sein, sich auf eine *gemeinsame* Geschichte beziehen muss. Auch sollte unterstrichen werden, dass bei Rosa Heimat als ein anverwandelter, resonanter Weltausschnitt zu verstehen ist, der sich konzeptionell von einer räumlichen Fixierung lösen lässt und sich auf die gesamte soziale Welt erstreckt:

‚*Finde deine Heimat!* Als Imperativ der Moderne meint vielleicht sogar zuerst und vor allem: *Finde Menschen, mit denen du in ein Resonanzverhältnis treten kannst.*' (Rosa 2016: 608).

Für Rosa gibt es keine enge Verbindung zwischen Herkunft, Tradition und Heimat:

‚Wenn die Moderne den Subjekten das Versprechen auf einen resonanten Weltausschnitt gibt, dieses Versprechen aber in der angestammten Welt der Herkunft und der Tradition nicht einlösen kann, so dass sich allenfalls in einer verklärenden Rückschau der trügerische Schein der resonanten Heimat einstellen mag, dann ist es nur folgerichtig, dass sich neben der Sehnsucht nach einer (vermeintlich) verlorenen Heimat die Hoffnung auf einen anderen, in der Zukunft und in der Ferne zu erobernden, *singenden, sprechenden* Weltausschnitt herausbildet.' (Rosa 2016: 605)

So entsteht eine logische Verbindung zwischen Heimweh, Fernweh und Sehnsucht. Man könnte es auch mit den Worten von Robert Menasse so formulieren: ‚Heimat ist die schönste Utopie' (Menasse 2014).

Die (Re)konstruktion der Vergangenheit

Mit Hintergrund in dem Werk des französischen Soziologen Maurice Halbwachs *La Mémoire collective*[3] beschreibt Jan Assmann (1997) die soziale Konstruktion der Vergangenheit: Die zentrale These bei Halbwachs ist die soziale Bedingtheit oder der soziale Rahmen des Gedächtnisses. So entsteht der Gedanke des kollektiven Gedächtnisses, der von Assmann zu dem Begriff des ‚kulturellen Gedächtnisses‘ ausgebaut wird. Nach Assmann hat Halbwachs mit seinem Hauptwerk *Das Gedächtnis und seine soziale Bedingungen* (1925) schon in den 1920ern eine Konzeption der Vergangenheit erarbeitet, die als sozialen Konstruktivismus bezeichnet werden kann: die Vergangenheit sei ‚eine soziale Konstruktion, deren Beschaffenheit sich aus den Sinnbedürfnissen und Bezugsrahmen der jeweiligen Gegenwarten her ergibt. Vergangenheit steht nicht naturwüchsig an, sie ist eine kulturelle Schöpfung.‘ (Assmann 1997: 47-48).

Halbwachs macht das kollektive Gedächtnis an Erinnerungsfiguren fest, die drei Dimensionen umfassen:

a)   Raum- und Zeitbezug (Halbwachs 1991: 78-163).

Die Erinnerung ist in Raum und Zeit verankert, die den räumlichen Erinnerungsrahmen bildet, die ‚die Erinnerung auch noch und gerade in absentia als ‚Heimat‘ festhält‘ (Assmann 1997:38-39). Zum Raum gehört auch die das Ich umgebende, ihm zugehörige Welt der Dinge wie Möbel, Geräte, Werkzeug und andere Gegenstände etc., die ‚uns ein Bild der Permanenz und der Beständigkeit darbieten.‘ (Halbwachs 1991: 127)

b)   Gruppenbezug

Die Raum- und Zeitbegriffe des kollektiven Gedächtnisses stehen – so Assmann – mit den Kommunikationsformen einer bestimm-

---

[3]   Das Manuskript ist nach Halbwachs' Tod in seinem Nachlass entdeckt worden. Maurice Halbwachs wurde März 1945 im KZ Buchenwald ermordet.

ten Gruppe in einem Lebenszusammenhang, der auch affektiv besetzt ist: ‚Sie erscheinen darin als Heimat und Lebensgeschichte, voller Sinn und Bedeutung für das Selbstbild und die Ziele der Gruppe.' (Assmann 1997:39) Das individuelle Gedächtnis braucht einen sozialen Bezugsrahmen, um kommuniziert werden zu können.

c)   Rekonstruktivität

Das Kollektivgedächtnis ist rekonstruktiv. Das Gedächtnis bewahrt nicht die Vergangenheit an sich. Es gibt keine reinen Fakten der Erinnerung, sondern das Erinnerte beruht darauf, was die jeweilige soziale Gruppe in jeder Epoche mit ihrem jeweiligen Bezugsrahmen rekonstruieren kann (Assmann 1997: 40). In den Worten von Halbwachs selbst:

‚die Erinnerung ist in sehr weitem Maße eine Rekonstruktion der Vergangenheit mit Hilfe von der Gegenwart entliehenen Gegebenheiten und wird im übrigen durch andere, zu früheren Zeiten unternommenen Rekonstruktionen vorbereitet, aus denen das Bild von ehemals schon recht verändert hervorgegangen ist.' (Halbwachs 1991: 55-56).

Das kollektive Gedächtnis braucht einen Fix- und Bezugspunkt, in dem das Erinnerte erzählt werden kann. So berichten auch Museumsfachleute, dass ehrenamtliche Mitarbeiter und Besucher Regional- und Heimatmuseen als Bezugsrahmen für das Erzählen nutzen. Dies wurde mir deutlich, als ich im Juli 2018 das von den Einwohnern des Dorfes privat initiierte Heimatmuseum (‚Hjemstavnsgaarden') i Sdr. Hygum in Nordschleswig in Dänemark besuchte. Aus einem Dorf mit ca. 960 Einwohnern sind 150 als Ehrenamtliche im Museum tätig. Im Sinne einer Mnemotechnik werden viele ‚ausrangierte' Gebrauchsgegenstände zum Bezugspunkt des Erzählens von Lebens-, Familien- und Dorfgeschichten, so wie es Halbwachs formulierte:

‚Die Ereignisse und Daten, die die Substanz selbst des Lebens der Gruppe darstellen, können für das Individuum nur äußere Zeichen sein, auf die es allein unter der Voraussetzung Bezug nimmt, aus sich selbst herauszutreten.' (Halbwachs 1991: 39)

Im Sinne der Theorie von Halbwachs wird deutlich, dass das oben erwähnte Heimatmuseum nicht den Anspruch erhebt, ein ‚historisches‘ Museum zu sein, sondern ein Ort, an dem das kollektive Gedächtnis der lokalen Bevölkerung gemeinsam rekonstruiert und erzählt werden kann (anders als in Lenz' Heimatmuseum). Das Heimatmuseum in Sdr. Hygum kann man außerdem als einen Gegenentwurf zu der touristischen Vermarktung und Kommodifizierung von regionalen Kulturen betrachten, da es sich hier nicht um touristische Folklore handelt, sondern um eine selbstbestimmte, selbstorganisierte kulturelle Erinnerungs- und Gedächtnisgemeinschaft. Diese Weise, sich als Gemeinschaft zu organisieren, bedeutet konkret eine Überlebensmöglichkeit für eine lokale, dörfliche Kultur, die sonst in Dänemark am Verschwinden ist. Die stark zentralistisch orientierte dänische Politik, die euphemistisch als ‚Modernisierung‘ der Gesellschaft ideologisch verkauft wird, hat zur Folge, dass Regionen abseits der urbanen Zentren infrastrukturell abgewickelt und entvölkert werden. Sie werden in Mediendiskursen als ‚Peripherie‘ oder – noch schlimmer – als ‚verrottete Bananen‘ bezeichnet. Infolge der Bildung von zentralisierten Großkommunen im Jahre 2006 wurden öffentliche, gemeinschaftliche Einrichtungen in den kleineren und mittelgroßen Dörfern wie Schulen und Bibliotheken zuhauf geschlossen (‚zentralisiert‘); und die neuen Großkommunen investieren heute lieber in den Neubau von Rathäusern in Verwaltungszentren als in dringend benötigte infrastrukturelle Maßnahmen auf den Dörfern.

Nicht zufällig stand jedoch lange Zeit vor genau jenem Dorf mit dem Heimatmuseum das Schild: Hvordan kan vi være udkant, når jorden er rund? (Wie können wir Peripherie sein, wenn die Erde rund ist?).

Literatur

Assmann, Jan (1992/ 1997) *Das kulturelle Gedächtnis.*
München: C. H. Beck.

Bauman, Zygmunt (2017) *Retrotopia.* Berlin: Suhrkamp.

Benjamin, Walter (1938-39 / 1974) ‚Zentralpark‘.
In: Walter Benjamin: *Gesammelte Schriften.*
Hrsg: Rolf Tiedemann und Hermann Schweppenhäuser:
Frankfurt a. M.: Suhrkamp, Bd. 1, 655-690.

Halbwachs, Maurice (1985/ 1991) *Das kollektive Gedächtnis.*
Frankfurt: Fischer Taschenbuch Verlag.

Kierkegaard, Søren (1846 / 2004) *En literair Anmeldelse.*
In: http://sks.dk/LA/txt.xml. Søren Kierkegaards Skrifter.
Hrsg. Niels Jørgen Cappelørn, Joakim Garff,
Johnny Kondrup.

Lenz, Siegfried (1978 / 2016) *Heimatmuseum. Roman.* München: dtv.

Marquard, Odo (2000) *Philosophie des Stattdessen. Studien.*
Stuttgart: Reclam.

Menasse, Robert (2014) *Heimat ist die schönste Utopie.*
Reden (wir) über Europa. Berlin: Suhrkamp Verlag.

Pietikäinen, Sari, Jaffe, Alexandra, Kelly-Holmes, Helen,
Coupland, Nikolas (2016) *Sociolinguistics from the*
Periphery. Cambridge: Cambridge University Press.

Rosa, Hartmut (2016) *Resonanz. Eine Soziologie der Weltbeziehung.*
Berlin: Suhrkamp.

Weber, Max (1919 / 1988) „Wissenschaft als Beruf“.
In: Max Weber: *Gesammelte Aufsätze zur Wissenschaftslehre.*
Hrsg. Johannes Winkelmann. Tübingen: Mohr, 582-613.

Ilja Braunmüller
Heimat im Museum – für eine handhabbare Begriffsbestimmung

Wo beginnt Heimat? Mit dem Bild von der Heide im Heimat- und Sach-kundeunterricht? Mit den Kindheitsfreunden vom Nachbarhof? Viel-leicht beginnt sie noch früher mit dem Lied der Mutter, das sie immer wieder zum Einschlafen gesungen hat? Heimat wird gelebt oder – tref-fender – erlebt bzw. erfahren. Somit fungiert die Erfahrung als primärer Träger und kleinste Einheit bei der Heimatbestimmung.

Und jede Einheit hat ihre eigene Wertigkeit. Was ist eine Heimat wert? Was ist die Heimat uns auch finanziell wert? Auf der politischen Ebene können und dürfen offenbar solche Fragen nicht gestellt werden. Nach dem gesellschaftlichen Konsens hat Heimat einen Wert, ja sogar einen großen Wert, der allerdings nicht bestimmt werden kann und auch nicht bestimmt werden darf. Also ist die Heimat ein ‚Selbst'-Wert, der objektiv vorhanden ist, der aber doch nicht objektiv gemessen werden kann – also ein Nominalwert einer Bedeutung?

Verbinden wir jetzt die persönliche Erfahrung als kleinste Einheit mit dem Nominalwert der Heimat, haben wir es dieser Begriffsbestim-mung nach mit nominalen Erfahrungswerten zu tun. Dabei handelt es sich um binäre Oppositionen[1] – entweder ist etwas Heimat oder ist es nicht … Doch darüber später mehr.

Bis weit in das 19. Jahrhundert hinein war Heimat über Besitz an Grund und Boden definiert, als rechtliche Größe festgeschrieben und eng an die materielle Existenz geknüpft (vgl. BAUSINGER 1980, 10 so-wie Göttsch-Elten in diesem Band). Die Heimat war, einmal marxis-tisch ausgedrückt, der Garant eines Produktionsprozesses und sozialer Sicherheit in einer bäuerlich geprägten Gesellschaft. Mit zunehmen-dem Bedeutungsverlust der Landwirtschaft durch die fortschreitende Industrialisierung und Agglomeration verlagerte sich auch die Bedeu-

---

[1] Jedem Menschen ist eigen, Unterscheidungen zu machen und sie in Materie zu manifestieren. Durch sie wird dem Menschen seine eigene Existenz erst bewusst. Das Bewusstsein konstituiert sich durch das Unterscheiden, das primär auf der Ebene einer binären Opposition abläuft.

tung von Heimat. Die Forderung nach Mobilität in einer Gesellschaft, in der die meisten Menschen sesshaft waren, brachte die Erfahrung mit sich, dass die Ortsgebundenheit nicht selbstverständlich, sondern fragil ist. Die Verelendung und Entwurzelung einer breiten Bevölkerung, die zu Beginn der Industrialisierung die verfügbare Arbeitskraft bildete, hat den Begriff ‚Heimat' empathisch aufgeladen. Die ‚Enträumlichung' der Heimat und ihre Bindung an Stereotypen ließen sie reproduzierbar und im Laufe des 19. Jahrhunderts als Gefühlswert verfügbar machen (vgl. GÖTTSCH 1997, 121 ff.).

Gefühlte Erfahrungswerte jeglicher Art finden in einem Raum statt. Dieser Erfahrungsraum als Diskursfeld[2] (Begriff nach ULLRICH 1992, 65), in dem die Erfahrungen und ihre Bestimmungen/Wertungen ausgehandelt werden, ist eindeutig und nicht nur geographisch zu verorten. Natur- und Kulturlandschaften, soziale Rollen und Sprachgebiete, historische Landstriche und Verwaltungseinheiten sind Räume, in denen Heimaterfahrungen stattfinden. Sie zu verorten stellt keine große Herausforderung dar. Doch möchte man dies genauer wissen, stößt man auf das Problem, dass die ‚Brandherde' (für Romantiker unter uns: ‚das Feuer') der Heimatliebe bevorzugt gleichzeitig in mehreren Räumen stattfinden. Der Kernpunkt dieser eigennützigen Heimatliebe – die ‚Identität' – zielt auf soziale und kulturelle Tatsachen ab. Wenn sich diese in Übereinstimmung mit dem selbstdefinierten ‚Ich' befinden, entsteht das Gefühl, das mit ‚Heimat' treffend beschrieben werden kann. So wird Heimat sozial, kulturell und auch geographisch verräumlicht (vgl. GÖTTSCH 1997, 129f.). Eine eindimensionale Betrachtung ist somit weder von Nöten noch von Vorteil.

---

[2] Das „Diskursfeld" ist hier ein analytisches Konstrukt, das dazu dient, die komplizierten Zusammenhänge der Praxis in eine begreifbare Ordnung zu bringen. Dieses Konstrukt bildet jedoch nicht die in der Praxis ablaufenden Prozesse ab, sondern die in einem Forschungskontext interpretierten Zusammenhänge. Das Diskursfeld ist somit ein Produkt kontextbezogener Deutung.

Die Heimat und deren Musealisierung

Wegen ihrer multidimensionalen Eigenschaft bringt die rein praktische Musealisierung von Heimat mitunter Museumsleute zum Verzweifeln. Dieser Verzweiflung liegt der Anspruch zu Grunde, umfassend und eindeutig die Präsentation des Heimatphänomens in einem Präsentations*raum* zu definieren. Daraus ergibt sich die Notwendigkeit, den betreffenden Raum eindeutig zu definieren, was seiner Multidimensionalität jedoch nicht gerecht wird. Das Umfassende und das Eindeutige scheinen als Antagonismen in diesem Diskursfeld aufzutreten.

Dieser scheinbare Widerspruch ist auch der Schlüssel zum Verständnis von ‚Heimat' und auch, was hier wichtiger ist, ein Schlüssel zur Präsentation bzw. Musealisierung von Heimat. Heimat ist nämlich individuell und kollektiv zugleich. Das höchst private Heimatgefühl kann erst auf der Ebene der Gemeinschaft ausgelebt werden. Das Ausleben auf der sozialen Ebene konstituiert sich rein praktisch im Aushandeln von Bedeutungen und deren Wertigkeiten. Doch nicht Heimat allgemein (sie hat, wie bereits erwähnt, einen großen, wenn auch unbestimmbaren Wert), sondern das Werten bzw. Bewerten bezieht sich hier auf einzelne materielle Konstellationen, die den heimatlichen Erlebnisraum entweder definieren oder eben auch nicht. Der altbewährte Griff zu Klischees, die seit dem Ende des 19. Jahrhunderts das Repertoire der traditionellen Volkskultur bilden (vgl. Göttsch 1997, 130), wird von Museumsmachern gegenwärtig wegen der Angst vor politischer Vereinnahmung als verpönt oder als verflacht betrachtet. Doch die Klischees bieten die Möglichkeit, das Erlebte und Gefühlte schnell erfass- und einordbar zu machen, so dass Wahrnehmungen und Fixierungen zusammenfallen (vgl. Göttsch 1997, 130).

Darauf müssen wir einmal *anders schauen*. Ist *anders schauen* nicht eine notwendige Methode, um unsere Heimat zu erkennen und hinter die Dinge zu sehen, die uns von anderen vermittelt, also erklärt und gezeigt werden? Ist es nicht die Herausforderung eines jeden ‚Museumsmachers', seine Rezipienten zu verführen, anzuregen oder zu provozieren, *anders zu schauen*, um die Welt und die Heimat *in* und *hinter* den Dingen zu erkennen, um sich selbst in den Dingen zu erkennen? Die Suche nach einer eigenen Heimat entpuppt sich dann als eine Suche nach einem eigenen Selbst in einer sich rasch verändernden Gegenwart.

Eine räumliche Verortung der Rezipienten mittels kulturaler Versatzstücke bietet dem Museumsmacher mit prall gefüllten Magazinen eines jeden volkskundlichen Museums eine Methode, diesem Rezipienten eine kompensatorische Erfahrung von Zugehörigkeit zu geben. Die Suche in der Komplexität der Welt ermüdet, und deshalb bietet ein Heimatmuseum eine willkommene Entlastung, was nicht unbedingt eine solche Suche beendet, aber immer eine binäre Einfachheit parat hält: Ist *das* meine Heimat oder ist sie es nicht? Dabei soll die Ausstellung mit ihren konzipierten und vorgeführten Versatzstücken nicht als eine Täuschung, sondern als ein Kommunikationsraum verstanden werden.

Die eigene Heimat in einem Museum wiederzufinden, das bedeutet, anhand der vorhandenen materiellen Konstellationen seine Heimat als *Erfahrungsraum* zu definieren und an ihm partizipieren zu können. Dabei bezieht sich der Prozess der Definition auf ein persönliches, höchst privates Empfinden, die Partizipation hingegen auf den kollektiven Diskurs.

Gelingt es dem Ausstellungsmacher, den Betrachter in Versuchung zu führen, mit einer veränderten Perspektive neu auf allzu Bekanntes zu schauen und dieses Bekannte für sich persönlich in Wert zu setzen, erfolgt hier ein Aushandeln von Bedeutungen auf der individuellen Ebene, also eine Definition. Soweit man ein Gefühl der Übereinstimmung mit sich selbst *in* und *mit* der dargebotenen Ausstellung erzeugt, soll, um das Heimatgefühl zur Vollendung zu bringen, ein weiterer Schritt der Bestätigung bzw. der Partizipation erfolgen. Auch wenn dieses partizipierende Moment nicht offen zum Ausleben im Museum kommt, wird an dieser Stelle ein lautloser Dialog in Gang gesetzt, in dem eine innere, private Definition im öffentlichen Raum ihre Bestätigung findet.

„Oh, *DAS* kenne ich auch! Damals, ich weiß, erinnere mich noch gut …" – genau auf diesen Satz kommt es bei der Musealisierung der Heimat an. Und die persönliche innere Bestätigung wird durch die öffentliche Wertzuschreibung – *ES* befindet sich ja in einem Museum! – gewährleistet und wertgeschätzt. Die Menschen kommen und kommen wieder und bringen andere mit, um zu sehen und um zu zeigen, um zu bestätigen und um die Bestätigung *in* und *durch* die Teilhabe zu erfahren.

Heimat als Erfahrung zu verstehen bedeutet, sie nicht als Zustand, sondern als *Prozess* zu erfassen. Der Mensch baut sich die Heimat in Bezug auf seine Erfahrungen immer neu auf. So wird Heimat zum Gefüge von Lebensregeln und Antworten auf Herausforderungen, die jeder durch seine Erziehung und Anpassung an die Gegenwart erarbeitet (vgl. REINHOLZ 1995). Die Spuren und auch Ergebnisse dieser Tätigkeit sind materielle Konstellationen, die gleichzeitig als Ziel und Medium dieser Erfahrungspraxis fungieren (vgl. BAUSINGER 1980).

Heimat als *Erfahrung* bezieht sich nicht nur, aber immer auf erfahrbare Materie. Sie konstituiert sich nicht nur in Zusammenhängen, in denen sich Menschen auf Menschen beziehen, sondern wesentlich in solchen, in denen sich Menschen auf Sachen beziehen. Und selbst da, wo Menschen sich auf andere Menschen beziehen, geschieht es nicht immer unmittelbar, sondern gerade über bestimmte Dinge (vgl. ANTONETTI 2002, 23 f.).

Setzt man die materiellen Objekte als Zeichen an, so bilden diese Zeichen die Ankerpunkte, an denen jeder sich an seine eigene Geschichte erzählend erinnern kann, d.h., dem Rezipienten zu ermöglichen, seine inneren Bedeutungen zu definieren und öffentlich daran zu partizipieren. Da die Objekte als Zeichen äußerst polysem sind, können sie als Anker in einem multidimensionalen Heimatraum fungieren. Es gibt nicht eine richtige, sondern verschiedene, jeweils nur in bestimmten Kontexten gültige Bedeutungen, die sich aus denotativen und konnotativen Elementen zusammensetzen.

> „Objekte sind potentiell bedeutungsoffener [als Texte] und weniger leicht in Frage zu stellen. Durch ihre Konkretizität sind mit ihnen Mitteilungen über die Zeit hinweg möglich, und ihren jeweiligen, abstrakteren Referenzgegenständen (d.h. ihrem Signifikat) [in unserem Fall der Heimat] wird Gestalt und Dauer verliehen. Schließlich besitzen sie die Fähigkeit, selbst einander widersprechende Aussagen zu integrieren" (HABERMAS 1999, 195).

Eine vorab konzipierte Linearität einer Ausstellung kann hier durch die Vorbestimmtheit einer Reihe das multidimensionale Nebeneinander der Heimat stören. Somit geht es nicht darum, in einem Heimatmuseum eine Geschichte zu erzählen, sondern das Erzählen von Geschichten zu ermöglichen.

Doch wie jeder Raum hat auch der Heimatraum seine Grenzen. Diese Grenzen werden am erfolgreichsten durch die Distanz zu den Hauptrezipienten einer Ausstellung definiert. Und das grenzt den Ausstellungsmacher in der Praxis weniger ein, als man zu Beginn erwarten würde. Obwohl beispielsweise eine menschliche Generation zwischen 20 und 50 Jahren in verschiedenen wissenschaftlichen Disziplinen als ein Nominalwert definiert wird, können die Bezugsobjekte derselben Generation eine Zeitspanne von mehreren Jahrhunderten abdecken. Das betrifft, geographisch gesehen, auch die Raumgrenzen im Bezug auf die Herkunft der Objekte, wie z.B. den Kakao im ‚Tante-Emma-Kolonialwarenladen‘ oder die Zementfliesen aus Nordfrankreich in einer dänischen Bauernküche. Doch der besonders von Archäologen so geschätzte Zusammenhang der materiellen Befundkonstellation ist entscheidend.

Die innere Stimmigkeit des Gesamten in jedem Detail wird zum Maß für die Güte eines Heimatmuseums. So sollen wir nicht nach der konkreten Datierung oder bestimmten Herkunft fragen, denn die Objekte einer Heimatausstellung als Intention zeigen ihre Informationen nicht als Begriffe. Die Bedeutungen werden hier als sinnlich organisierte Materie erfahrbar. Im Prozess dieser Erfahrung fragt sich der Rezipient, warum er diese oder jene Konstellation in einem Raum zusammen vorfindet. Zu manchen Objekten und konzipierten Zusammenhängen baut der Besucher Distanzen, zu manchen Nähe und Identifikation auf. Dabei soll jede einzelne Sektion den Bezug auf die Ganzheit der Heimat als gedachten und gefühlten Raumes nehmen und in dieser Gesamtheit die Grenzen des Erwartbaren sprengen.

Die Heimat ist echt

Und noch etwas … Die Heimat kann vielerlei sein. Sie kann warm und kalt, fröhlich und traurig, schäbig und glänzend, sauber und dreckig, wunderschön und hässlich sein. Was Heimat nicht sein kann, ist *falsch*. Es gibt keine ‚falsche Heimat‘. Eine falsche Heimat ist keine

Heimat. Eine Heimat ist immer echt, und da reicht ‚fast echt‘ auch nicht aus, weil ‚fast echt‘ eben nicht ‚echt‘ ist. An dieser Stelle sind ausdrücklich Imitate und Substitute zu brandmarken. Die bei manchen Kuratoren so beliebten Plastikattrappen von Lebensmitteln, Tieren und auch Menschen, soweit sie als Attrappen zu erkennen sind, lösen bei Besuchern unbewusst eine Ablehnung aus, was die Identifikation mit den intendierten Inhalten nachhaltig stören kann. Hier geht es nicht um die schon öfter in Museumsrunden geführte Diskussion, dass Schaufensterpuppen hässlich seien. Es geht hier nicht um Ästhetik! Sowohl die Kunststoffmassenware als auch die Wachseinzelanfertigungen sind fast-menschlich oder fast-natürlich, aber eine Identifikation zu stiften, dazu reicht eben das ‚Fast-Echte‘ nicht aus.

Wir sind durch massive Medienpräsenz gewohnt, unseren Augen nicht zu trauen. Die digitale Bildbearbeitung ermöglicht es, selbst das Unmögliche höchst realistisch darzustellen. Die passende Geräuschkulisse, ergänzt von musikalischen Arrangements, macht die Sache noch realistischer und emotionaler. Und wir wissen ja auch bereits, dass es genau das mit uns macht. Somit ist hier auch Skepsis auf der persönlichen Ebene zu erwarten, sei es im Alltag oder in der Ausstellung. Gerüche werden aber kaum angezweifelt und werden stets als wahr genommen: Die Heimat riecht.

Ja, die Heimat riecht. Die Heimat riecht nach gebratenem Speck mit Zwiebeln, nach frischem Heu, nach geteerten Eisenbahnschwellen, nach sonnendurchflutetem Kiefernwald, nach Salz, faulen Algen und Mövenschiss, nach feuchtem Nebel im Tal, nach schwefligem Rauch der Fabriken, nach kalter Frische morgens auf der Alm, nach würzigem Katenschinken, verbranntem Kaffee und Jauche, nach Sägespänen, Weihrauch und Kölnischwasser. *Die Heimat riecht immer.* Doch diese Dimension der Heimaterfahrung wird viel zu wenig bei der musealen Interpretation der Heimat dargeboten. Die Flüchtigkeit der Gerüche, ihre Abhängigkeit von der Temperatur, Feuchtigkeit und der Luftbewegung im musealen Raum machen sie zu unbeliebten und für viele Museumsmacher für zu aufwändig gehaltenen Mittel. Schade eigentlich …

Schlussbetrachtung

Das Heimatmuseum ist ein sinnliches Ereignis, das Besucher zu einem
‚Fühlen und Austauschen im Raum' einlädt. Die Besucher trauen sich,
sich zu erinnern und kommen miteinander und mit den Objekten ins
Gespräch. Das wendet den Blick keineswegs zurück – ein Heimatmu-
seum ist kein Ort der Nostalgie über tote Dinge, sondern das Museum
wird so zum Ort der Zukunft, in dem eine neue Erzählung beginnen
kann. Das Grundprinzip der privaten Definition und öffentlichen Partizipation wird zum Dialog, wo Begegnungen zwischen den Dingen als
Definition von Heimat, wo Begegnungen zwischen dem Ding und dem
Menschen als Teilhabe an Heimat und wo Begegnungen zwischen den
Menschen als Partizipation an der Heimat stattfinden. Die durch dieses
Aushandeln von Bedeutungen werdende Gemeinschaft bezieht dann
wohl meistens unbewusst ihren Zusammenhang aus der Ausstellung.
Und so entfaltet das Heimatmuseum eine Identifikation stiftende Wir-
kung, die kulturpolitisch herbeigesehnt wird. Ernst Bloch definierte das
Prinzip der Heimat als Inbegriff des Prinzips Hoffnung (Bloch 1973:
1628). Ist es nicht das, was wir in der schnell zunehmenden Komplexi-
tät der Gegenwart verloren haben und was wir wieder in einem ‚neuen'
Heimatmuseum abseits des Folklorismus zu finden versuchen?

Literatur

Antonietti, T. (2002) Vom Umgang mit dem Museumsobjekt. Grundsätzliches zur volkskundlichen Sachkulturforschung. In: T. Antonetti/W. Bellwald (Hrsg.), *Vom Ding zu Mensch. Theorie und Praxis volkskundlichen Museumsarbeit*. Baden, 21-47.

Bausinger, H. (1980) Heimat und Identität. In: K. Köstlin/H. Bausinger, *Heimat und Identität. Probleme regionaler Kultur*. Neumünster, 9-24.

Bloch, E. (1973) *Das Prinzip Hoffnung*. Frankfurt a. M.

Göttsch, S. (1997) Mundart, Tracht und Brauch – welche Heimat braucht der Mensch? In: Klaus-Groth-Gesellschaft (Hrsg.), Jahresgabe 39. Heide i. H., 119-139.

Habermas, T. (1999): *Geliebte Objekte: Symbole und Instrumente der Identitätsbildung*. Frankfurt a. M.

Reinholz, H. (1995) Über den Begriff Heimat in der Volkskunde. In: A. Röder (Hrsg.), *Heimat. Ethnologische und literarische Betrachtung*. Stuttgart, 33-42.

Ulrich, R. (1992) *Diskusfelder. Eine Analyse der Handlungs- und Spannungsfelder ethnologischer Tätigkeit*. Göttingen.

Regionalgeschichtliche Herausforderungen –
Heimat und Nationalismus

Steen Bo Frandsen
Was ist aus Schleswig geworden?

Es war einmal ein Herzogtum. Nun ja, wir wissen sehr wohl, dass es keine Märchen gibt. Ein Herzogtum? Nein, in der Tat gab es ein territoriales Durcheinander. Schleswig war ein Flickenteppich, eine Miniatur-Ausgabe des großen deutschen Reichs. Aus der Geschichte wissen wir sehr genau, wie unregierbar und chaotisch dieses Gebilde war, und mit dem viel kleineren Schleswig verhielt es sich nicht wirklich anders. Man stelle sich vor: Es gab zur gleichen Zeit mehrere Herzöge. Und sie waren auch noch verwandt. Aber einer von ihnen war mehr Herzog als die anderen, er war zugleich König von Dänemark und damit sogar sein eigener Lehnsherr – wer das verstehen kann! Und noch schlimmer: – die Schleswiger hatten ihn auch noch zusammen mit den Holsteinern zum Herzog *gewählt*. Genauer gesagt waren es aber nur wenige Schleswiger und Holsteiner, die die Wahl getroffen hatten. Von Demokratie war nicht die Rede. Eine kleine selbsternannte Clique von Rittern behauptete über Jahrhunderte, das Herzogtum zu repräsentieren. Es waren schlimme Zeiten; und Nationalstaaten gab es nicht. Wo man auch hinsah, herrschte Elend. Dazu kam noch die innere Unordnung. Man stelle sich vor, in diesem Land wurde eine Unzahl von Sprachen und Dialekten gesprochen. Es war das reinste Babylon. Da sprach einer Platt, ein anderer Friesisch, ein dritter Sønderjysk, aber manche auch Hochdeutsch, und es sollte sogar solche geben, die Hochdänisch beherrschten. Viele mischten einfach die verschiedenen Sprachen, wodurch ein eigentümliches Kauderwelsch entstand. Man stelle sich vor, wie ein Land wie Schleswig über Jahrhunderte darunter leiden musste, dass die Leute sich mit diesen unterschiedlichen Idiomen untereinander gar nicht verständigen konnten. Es war ein Gräuel.

Es wird erzählt, wie die Friesen auf Föhr, die zur Hälfte Jüten waren und zur anderen Hälfte Schleswiger, einmal bei einer Volkszählung vergessen wurden, weil das Zählen in Jütland von der Kirche und in Schleswig vom Staat durchgeführt wurde. Föhr gehörte aber zum Bistum Schleswig. Und man hatte sich auch nicht abgesprochen. Wie hätte das auch gehen sollen? Und als hätten die Schleswiger es nicht geschafft, genug Chaos zu veranstalten, kamen auch noch Fremde ins Land oder zogen durch. Hugenotten, Mennoniten, Juden und Herrnhuter siedelten sich an, dazu jütische Ochsentreiber und Hamburger Probenreuter. Und aus dem jütischen Armenhaus kamen jedes Jahr Mengen von Dienstmädchen und Knechten, die in Schleswig unentbehrlich waren und ein wenig bemitleidet wurden, weil sie von da oben kamen, wo man Holzschuhe trug.

Es wurde erst allmählich besser, als selbst die Schleswiger begriffen, dass Sprache nicht zuerst dazu da ist, einander zu verstehen, sondern ganz im Gegenteil dazu, das zu vermeiden und darum herumzukommen, mit den anderen reden zu müssen. Nur in gleichförmigen und geschlossenen nationalen Gemeinschaften kann sich ein Mensch verwirklichen und sich zu einem vollendeten Individuum entwickeln. Leider kam es nicht bei den Schleswigern selbst zu dieser wichtigen Erkenntnis, sondern erreichte die Region aus den Universitäten und Zeitungsredaktionen in Kiel, Kopenhagen und noch ferneren Orten. Doch der Gedanke war so einleuchtend, dass er in dem zersplitterten Herzogtum, das selbst nicht mehr im Stande war, seine eigene Identität zu finden, rasch Verbreitung fand. Einige geschickte Schleswiger lernten dann auch schnell, den klugen Fremden nach dem Mund zu reden; und das taten sie so gut, dass die klugen Fremden sie von nun an als authentische Beispiele dafür anführten, dass es die schleswigsche Volksseele sei, die dort sprach.

Nun sollte es um Identität gehen, und die lag ja nun einmal in der Sprache begründet. Einige verstanden das instinktiv, andere mussten das erst lernen. Man nehme einmal den Kaufmann Hiort-Lorenzen aus Hadersleben, einen eifrigen Schleswig-Holsteiner, der wie viele andere seines Standes Deutsch sprach. Er redete viel, und deshalb wurde er in die Ständeversammlung von Schleswig gewählt. Auch dort redete er recht fleißig und sagte den unverschämten Dänen seine Meinung. Sein großer Moment kam, als er in der Versammlung eine Karte aus der Hauptstadt vorzeigen konnte, wo Schleswig als Sønderjylland bezeichnet wurde. Das war ein unzweideutiger Beweis dafür, dass die Dänen daran arbeiteten, das ganze Herzogtum zu übernehmen und es mit ihrem Namen zu benennen.

Nun wollte der König nicht auf allzu viele Ratschläge von seinen Ständen hören, und deshalb vergingen immer zwei lange Jahre, bevor die Ständeversammlungen wieder zusammentraten. In zwei Jahren konnte auch damals eine Menge geschehen; und zwei Jahre, nachdem der aufbrausende und rebellische Schleswig-Holsteiner seine ominöse Karte gezeigt hatte, war der gute Mann ein ganz anderer geworden. Der deutsche Kaufmann aus Hadersleben weigerte sich nun plötzlich, Deutsch zu sprechen. Nein, nun wollte er partout Dänisch reden. Das konnten und wollten seine deutschen Kollegen in der Versammlung natürlich nicht verstehen. Die Dänen verstanden ihn übrigens auch nicht. Weil das Dänisch, das der Kaufmann sprach, schlichtweg kein Dänisch war, sondern Sønderjysk, und das verstand ein echter Däne noch schlechter als Hochdeutsch.

Dieser neue Auftritt machte den Kaufmann aus Haderslev wirklich berühmt. Während die, die ihn zuvor gefeiert hatten, in ihm nun einen üblen Verräter sahen, wurde er bei denen, die ihn zuvor verachtet hatten, ein unerschrockener Vorkämpfer für die Wahrheit. Ein Held wurde der alte Schleswig-Holsteiner im Königreich. In Kopenhagen, wo die richtigen nationalen Dänen wohnten, hatten sie gerade festgestellt, dass Sønderjylland mehr Dänemark war als jeder andere Teil des Landes (vielleicht weil fast niemand von ihnen dort gewesen war). Der dänische Kaufmann aus Haderslev wurde in die Hauptstadt geladen und von den nationalen Politikern mit einem großen Fest auf dem Schützenplatz gefeiert. Hiort-Lorenzen hielt eine Dankesrede, und die Kopenhagener verstanden ihn nicht.

Es war auch nicht leicht, Schleswiger zu sein. Der letzte gesamtstaatliche Bürgermeister in Flensburg verstand die neuen Zeiten ebenfalls nicht. Er hieß Jensen und lebte noch immer in dem eigenartigen Missverständnis, dass es möglich wäre, ein loyaler dänischer Untertan zu sein und trotzdem Deutsch als Muttersprache zu haben. Oben im Königreich mussten Hunderte deutsche Untertanen des dänischen Königs ebenfalls lernen, dass das nicht machbar war. Vielleicht konnten die dummen Bauern noch eine Zeitlang ihre alten Dialekte benutzen, bis sie sauber zu sprechen gelernt haben würden, doch die Gebildeten wussten es besser. Der gute dänische Dichter Herr Hostrup wünschte sich, dass Deutsch den Dänen so fremd und unverständlich sein würde wie Russisch. Der Schleswiger Theodor Storm verdrängte die Erinnerungen aus der dänischen Schule seiner Kindheit in Husum, die Studienzeit bei dem dänischen Professor Paulsen in Kiel und die vielen Bände mit Hans Christian Andersens Märchen in Originalsprache im Regal und erklärte, dass er kein Wort Dänisch verstehe. Diese Art Unwissen war nun angesagt. Mit solchen Einschränkungen war es leichter, ein guter Patriot zu sein.

Im fernen Kiel und in noch ferneren Städten wie Jena und Heidelberg wussten die Männer der neuen Zeit sehr gut, dass Schleswig und Holstein *stets* miteinander verbunden gewesen waren. Und dabei natürlich stets deutsch. Gleichzeitig wussten die Männer der neuen Zeit im fernen Kopenhagen, dass Schleswig stets dänisch gewesen war. Einzelne verwirrte Personen – sowohl in Holstein als auch im Königreich – fanden, dass es nicht länger so wichtig wäre, dass die Eider vor tausend Jahren die Grenze gebildet habe. Sie dachten, dass sich die Zeiten durch Zeitungen und befestigte Wege geändert hätten, weshalb die Menschen der heutigen Zeit nicht länger an das gebunden sein könnten, was einige längst verblichene Vorväter in Ripen auf ein Stück Pergament geschrieben hatten. Sie schlugen deshalb allen Ernstes vor, dass man herausfinden solle, was die lebenden Menschen gerne wollten. Aber das war natürlich reiner Unsinn.

Wenn die Sprache die Identität bestimmte, konnte es logischerweise in Schleswig nur zwei Arten Leute geben, die deutschsprachigen und die dänischsprachigen. Doch Schleswig wäre nicht Schleswig gewesen, wenn es nicht trotzdem gelungen wäre, Verwirrung zu stiften. Obwohl es nun nur zwei Versionen gab, erwies es sich nämlich als völlig unmöglich, zwischen ihnen eine klare Linie zu ziehen. Die eine und die andere Sorte wohnten bunt durcheinander. Es gab sogar immer noch solche, die nicht herausfinden konnten, ob sie das eine oder das andere waren. Und es gab Schleswig-Holsteiner, die Deutsche waren, und Südjüten, die Dänen waren. Es war und blieb eine furchtbare Unordnung.

So fing mit Hilfe von außen die eine Sorte Schleswiger an, die andere Sorte Schleswiger zu erschlagen. Das taten sie drei Jahre lang, ohne dass eine Seite die Oberhand gewann. Als der Krieg vorbei war, glaubten die Dänen jedenfalls, dass sie gewonnen hätten. Deswegen bestimmten sie, dass alle Schleswiger nun lernen sollten, ordentliches

Dänisch zu reden und zu schreiben, ob sie nun wollten oder nicht. Das brachte merkwürdigerweise viele Schleswiger dazu, zu denken, dass sie einfach keine Dänen sein wollten. Es gefiel ihnen auch nicht, dass der Pfarrer plötzlich Dänisch zu sprechen begann, während er bisher immer Deutsch gesprochen hatte. Sie wollten lieber weiter Platt sprechen und fanden, dass die Dänen ihr eigenes Königreich hätten. Sie ließen sich auch nicht von dem großen Löwen überzeugen, den die Dänen auf dem Friedhof in Flensburg aufstellten, um alle Feinde zu vertreiben.

Der Friede war zurückgekehrt, doch die alte Zeit, bevor die Welt aus den Fugen geriet, kam nicht wieder. Nun stritten alle miteinander und dachten, sie seien im Recht. Die deutschen Schleswiger wollten von den Dänen nichts mehr wissen. Sie suchten bei ihren Freunden in Holstein Hilfe, und gemeinsam tratschten sie mit ihren deutschen Freunden südlich der Elbe. Man kam nicht voran. Schleswig war ins Hintertreffen geraten. Zuletzt beschlossen die Dänen, dass es genug sein sollte. Nun wollten sie endlich ihre Eidergrenze haben. Deshalb vereinnahmten sie das gesamte Herzogtum Schleswig für Dänemark und gaben ihm dieselbe Verfassung wie dem Königreich. Sie hatten allerdings den Großmächten versprochen, genau dies nicht zu tun, und so kam es zu einem neuen Krieg. Der dauerte nicht so lange wie der erste, aber dieses Mal gewannen die Deutschen. Nicht die Schleswiger, die deutschen Schleswiger also, sondern die Preußen. Sie bekamen sogar Hilfe von den Österreichern, jedoch auch ein wenig von den Dänen, die sich sowohl auf dem Schlachtfeld als auch am Verhandlungstisch blamierten. Als der Krieg vorüber war, hatten die Preußen Schleswig erobert, und die Dänen mussten sich endlich nicht mehr so viele Gedanken über die uralte Südgrenze an der Eider machen. Ganz Schleswig wurde allerdings nicht dänisch, sondern deutsch, und die Königsau wurde die neue Grenze zwischen den Ländern. Die dänischen Schleswiger träumten nun plötzlich davon, echte Jüten zu werden. Die Nationalstaaten hatte man endlich erhalten, auch wenn der dänische zu klein war und sich der deutsche weiter nach Norden erstreckte, als es sich angemessen erklären ließ. Aber Schleswig-Holstein war nun einmal *ewig ungedeelt*.

Die Preußen tummelten sich in ihrer neuen Provinz und nahmen sie ein, auch wenn Bismarck in Wirklichkeit gar nicht so viele Dänen in seinem neuen Reich haben wollte. Er wusste bereits durch Polen, wie mühsam der Umgang mit widerborstigen nationalen Fanatikern war. Die Dänen hatten ja gerade gezeigt, wie man es nicht mit den bockigen Schleswigern der anderen Sorte angehen sollte, doch hinderte das die besserwisserischen Preußen nicht daran, dasselbe zu versuchen. Die Ergebnisse fielen nicht besser aus. Obwohl sich die Preußen jahrzehntelang und mit großem Einfallsreichtum bemühten, Schikanen und repressive Mittel zu ersinnen, die letzten sturen Schleswiger davon zu überzeugen, Deutsche zu werden. Das wollten sie einfach nicht. Viele wurden eher noch dänischer als zuvor.

Die Historiker erzählten gern bis ins kleinste Detail die Geschichte von diesem endlosen Kampf, der seit Anbeginn der Zeit andauerte. Hier gab es Helden wie den tapferen Dragoner Kjeldsen oder den todesverachtenden Pionier Klinke, und es gab Bösewichte wie den glücklosen Herzog auf dem Boden des Nachttopfs. Aber immer ging es darum, dass für die eine Sorte die andere Sorte der Bösewicht und Gewalttäter war und umgekehrt. Für die eine Sorte wollten die Fremden stets kommen und das Land erobern, und für die andere Sorte hatten das die Fremden bereits getan.

Als nun endlich die Nationalstaaten errichtet worden waren, konnten alle in der Schule schon von klein auf *die* Geschichte lernen. Sie bekamen immer nur die eine Version erzählt, und deswegen glaubten sie auch aufrichtig, dass es nur eine Sichtweise geben könne. Die anderen hatten stets Unrecht. So einfach war das. Die Kinder lernten auch, dass man ohne eine nationale Identität kein richtiger und guter Mensch werden konnte. Mit einer solchen wurde man sowohl glücklicher als auch besser als alle anderen. Wenn es denn die richtige nationale Identität war. Sie machte alles einfacher, denn mit ihr musste man nicht darüber nachdenken, was die anderen sagten. Weil diese natürlich falsch lagen. So kam es dazu, dass die Schleswiger in Schleswig Dänen und Deutsche wurden. Sie hatten gelernt, einander zu hassen, und sie wollten nie mehr miteinander zusammenleben. Sie hofften nur darauf, endlich eine richtige Grenze zu bekommen, so dass es möglich sein würde, einander den Rücken zuzukehren und nicht mehr miteinander reden zu müssen. Die klugen Leute aus Kopenhagen und Kiel und anderen Orten hatten die Schleswiger davon überzeugt, dass sie immer verbitterte Feinde gewesen waren. Es war vollkommen idiotisch, zu glauben, dass man im gleichen Land zusammenleben könnte.

Die Dänen und die Preußen waren sich also im Prinzip über die Notwendigkeit einig, sich jeder für sich nach nationalen Prinzipien einzurichten. Man musste nur herausfinden, wo die eine Nation aufhörte und die andere anfing. Doch auch darüber konnte man sich nicht einigen. Das lag nun auch daran, dass beide eine richtige Grenze haben wollten, eine historische Grenze, die immer dagewesen war. Die Dänen wollten um alles in der Welt eine Grenze an der Eider und nirgendwo sonst. Die Preußen waren etwas gleichgültiger – es war ja auch nicht ihre Geschichte –, doch fanden sie trotzdem wie die Schleswig-Holsteiner, dass die Grenze an der Königsau liegen sollte.

Aber die Zeit verging; und obwohl die Schleswig-Holsteiner selbst dabeiblieben, ihre nationalen Gegensätze zu pflegen, wurden draußen in der großen Welt neue Töne angeschlagen. In den Hauptstädten, wo die Klugen zu ihrer Zeit darauf gekommen waren, einander zu hassen, begannen einige in neue Richtungen zu denken. Nachträglich sah es ja auch so aus, als würde die Grenze zwischen dem mikroskopischen Dänemark und dem enormen Deutschland dort liegen bleiben, wo sie es tat. Die Prinzen, Politiker, Minister und Diplomaten waren es derart müde, von dieser verwirrten und chaotischen Landschaft zu hören, die nicht wusste, wohin sie wollte und ob sie nun das eine oder das andere war. Weder die Dänen noch die Preußen wollten in ihren Nationalstaaten ein Sowohl-als-Auch, sondern nur ein Entweder-Oder. Man konnte nicht ein wenig vom einen und viel vom anderen sein – oder umgekehrt.

Als also die Welt draußen begann, die Schleswiger und ihren alten Streit zu vergessen, waren die Schleswiger so glücklich, dass es wieder zu einem großen Krieg kam. Er war größer und schlimmer als jeder Krieg zuvor. Er erreichte nie Schleswig, doch waren die Schleswiger selbst mit dabei. Als er vorbei war, hatten die Deutschen verloren. Und obwohl sie nicht an die Dänen verloren hatten, die überhaupt nicht am Krieg teilgenommen und nur den Deutschen massenhaft Waren verkauft hatten, kamen nun ein paar Männer aus Frankreich und meinten, dass die Grenze an einer anderen Stelle als der, wo sie lag, verlaufen sollte. Auch diesmal war das nichts, was die Schleswiger selbst erdacht hatten; und obwohl beabsichtigt war, dass sie in einer Volksabstimmung befragt werden sollten, hatten sie sich längst daran gewöhnt, dass andere bestimmten und mit guten Ideen ankamen.

Wo sollte die Grenze verlaufen? Würden die Schleswiger Dänen oder Deutsche sein wollen? In jedem Fall wollte man nicht riskieren, dass etwas schiefgehen könnte und die Schleswiger wieder etwas anderes machen würden, als sie sollten. Deshalb war man so vernünftig zu fragen, ob sie dänisch oder deutsch wären. Der Stimmzettel hatte nur zwei Optionen. Niemand konnte ein wenig von dem einen und ein wenig von dem anderen und Schleswig konnte auch nicht mehr Schleswig sein. Die Zeit der Zwischenformen und der Verwirrung war ein für alle Mal vorbei. Es gab nur Schwarz und Weiß, und Schleswiger konnte man nicht mehr sein. Dieses Mal machten die Schleswiger, was sie sollten, und teilten sich in zwei Sorten auf. Niemand konnte später mehr wissen, wie viele vielleicht etwas Drittes gewesen wären. Als sie abgestimmt hatten, war jedenfalls eine echte Grenze entstanden und das verwirrte Land war in zwei Teile geteilt worden.

Aber mit einer echten Grenze, die (ungefähr) nach dem Prinzip des nationalen Selbstbestimmungsrechts zwischen zwei Nationalstaaten gezogen worden war, gab es ja nun eigentlich nichts mehr, worüber man sich hätte streiten können. Es kam jedoch anders. Es gab weiterhin Dänen, die die Grenze an der Eider haben wollten, während andere Dänen wenigstens sicherstellen wollten, dass die alte dänische Stadt Flensburg nördlich der Grenze zu liegen kommen sollte. Als dies misslang, löste das eine neue dramatische politische Krise in Kopenhagen aus, doch auch später waren nicht alle recht zufrieden. Die deutschen Schleswiger waren es sicher auch nicht, denn sie wussten ja, dass Schleswig unteilbar war, und nun war es doch geteilt worden. Noch schlimmer war, dass die Dänen die Grenze auf eine Weise hatten ziehen können, die keine Rücksicht auf deutsche Mehrheiten in einigen angrenzenden Gemeinden nördlich der neuen Grenze nahm. Die Dänen jedoch blieben stur und weigerten sich, den Verlauf zu revidieren, und deshalb weigerte sich die neue demokratische deutsche Regierung, die Grenze offiziell anzuerkennen. Die beiden neuen Minderheiten konnten natürlich auch nicht froh über die neue Grenze sein, obwohl diese es war, die dazu führte, dass es sie plötzlich gab. So gab es weiterhin viele gute Gründe, misstrauische und schlechte Nachbarn zu sein.

Bald kamen in Berlin die Nationalsozialisten an die Macht, und einige ihrer eifrigen Parteisoldaten in Schleswig wollten am liebsten sofort über die Grenze marschieren, um den verlorenen Teil des unteilbaren Landes wieder heimzuholen. Doch obwohl die Stimmung auf beiden Seiten aufgeheizt war, zeigte es sich, dass sich die neuen Machthaber im deutschen Reich ganz einfach nicht mehr für die ewig gleiche alte Frage interessierten. Sie verschoben eine Lösung auf eine andere gute Gelegenheit, und selbst als sie einige Jahre später Dänemark besetzten, machten sie keine Anstalten, die Grenze zurück zur Königsau oder zu einer anderen Stelle zu verlegen. Nun war es in gewisser Hinsicht sowieso alles Deutschland.

Als der Krieg vorbei war und Deutschland wieder verloren hatte, waren es nun die Dänen, die vergaßen, dass die Grenze feststand. Endlich gab es Hoffnung, dass die Grenze dorthin herunterkommen sollte, wo sie immer gelegen hatte. Ein großes Problem war das nicht, denn wenn die Schleswiger, die sich früher dazu hatten überlisten lassen, zu denken, dass sie Deutsche seien, obwohl sie ja seit Arilds Zeiten von dänischem Blut waren, nun einsehen würden, dass sie eigentlich Dänen waren, die auf altem dänischen Boden lebten, würde sich alles fügen. Alle Dänen würden somit endlich Dänen sein. Außerdem konnte man so die schrecklichen Flüchtlinge loswerden, die von Osten nach Schleswig geströmt waren und damit drohten, das Land und seine Bevölkerung bis zur Unkenntlichkeit zu verändern.

Das war so unglaublich nahe daran, Wirklichkeit zu werden, und doch wurde auch diesmal nichts daraus. Die deutschen Schleswiger besannen sich schnell und fielen in ihren alten Irrglauben zurück. Sie akzeptierten sogar, dass sie mit den Flüchtlingen in einem neuen *Schleswig-Holstein* zusammenleben sollten. Und auch die dänische Regierung wollte nicht mitspielen. Als die britische Besatzungsmacht es müde geworden war, den ewigen Klagen der Dänen zuzuhören, signalisierte sie, dass sie die Grenze bekommen würden, wo sie sie haben wollten. Allerdings deuteten die Briten an, dass es doch eine schlechte Idee sei, sie nach Süden zu verschieben, wenn Deutschland eines Tages wieder groß und stark werden würde. Die dänische Regierung verstand den Hinweis. Hiernach blieb nur die *Hoffnung* auf eine Wiedervereinigung übrig.

Wenige Jahre später sollte Westdeutschland ein echtes Land sein und in die NATO aufgenommen werden. Das war Dänemark bereits, und deshalb konnte das nur geschehen, wenn die dänische Regierung dazu ja sagte. Dies war eine vorzügliche Gelegenheit, endlich eine Lösung für die restlichen Probleme zu finden. Endlich wurde die Grenze anerkannt, und endlich wurde ein Abkommen über die Minderheiten getroffen. Es war ein makelloses Abkommen, an dem niemand jemals etwas auszusetzen hatte. Es bestand aus zwei einzelnen Erklärungen; die eine (auf Deutsch) wurde in Bonn angenommen und die andere (auf Dänisch) in Kopenhagen. Das Verständnis zwischen den neuen Partnern war so groß, dass sie einander überhaupt nicht treffen mussten, um zu unterschreiben. Die Traktate wurden auch nicht ausgetauscht, wie es sonst üblich ist. Die Erklärungen bedeuteten, dass sich niemand in die Verhältnisse des anderen einmischen konnte, und die Nachbarn lebten von nun an glücklich in einer perfekten Parallelwelt. Sie mussten kaum noch miteinander reden.

Bonn und Kopenhagen. Kopenhagen und Bonn. Die Schleswiger wurden von niemandem so recht gefragt. Aber es gab sie eigentlich auch nicht mehr. Nachdem die Erklärungen unterschrieben worden waren, wurde alles gut. Das alte Land auf beiden Seiten der netten Grenze entwickelte sich zu einer der gemütlichen Regionen, wo es immer freundliche alte Herrschaften gab, die sich um ihre alten Dörfer kümmerten und die manchmal ein paar Sätze in einer unverständlich Sprache sagen konnten; wo man immer ein Haus für weit weniger Geld als in den hektischen Großstädten finden konnte und wo die jungen Leute nicht herumhängen mussten, sondern sich schnell eine Ausbildung in einem anderen Teil des Landes suchen konnten. Manchmal schien es auf beruhigende Weise, als stünde die Zeit dort still. Der gemütliche Bummelzug fuhr wie eh und je durchs Land und hielt selbst in den kleinsten Orten. Am längsten hielt er an der Grenze, wo Polizei und Zoll dieselbe Arbeit verrichteten – erst die Dänen, dann die Deutschen oder umgekehrt. Außerdem musste die Lokomotive gewechselt werden, denn auf beiden Seiten konnte man selbstredend nicht dieselbe benutzen. Schade eigentlich, dass man nicht von Beginn an eine verschiedene Spurweite gebaut hatte. Es hätte eine vergnügliche Tradition sein können, den Zug gleich ganz wechseln und das Gepäck hinüber in einen anderen Wagen schleppen zu müssen. Auf dem Landweg gab es Verkehr, und an der Grenze wurden die Autoschlangen in Kruså besonders an Ferientagen endlos. Es war richtig nett, langsam über die Grenze zu fahren und mit einem Gefühl der Spannung darauf zu warten, ob der Zoll alle die verbotenen Flaschen im Kofferraum finden würde. Und ein unvergessliches Triumphgefühl, weiterfahren zu können mit einer ganzen Flasche billigem Schnaps, den die Tütengucker übersehen hatten.

Glücklicherweise gelang es, den Bau einer neuen, langweiligen Autobahn hinauszuzögern, so dass sie auf dänischer Seite erst fast ein Menschenalter nach den Erklärungen fertig wurde. Gebaut wurde sie vermutlich nur, weil Dänemark Mitglied im Gemeinsamen Markt geworden war. Das wollten die Schleswiger nördlich der Grenze gern, auch wenn die dänischen Schleswiger südlich der Grenze sie warnten. Sie wussten ja, wie schlimm es in Europa war, aber es half nun einmal nichts. Obwohl das ganze Schleswig so gewisserweise wieder vereint war, änderte das nicht furchtbar viel. Als dann einige begannen, von einer *Euroregion* und sogar von einer offenen Grenze zu reden, wie man sie in der schrecklichen Schengen-Zusammenarbeit hatte, ging das doch zu weit. Wie bei den Kriegen im vorigen Jahrhundert kamen viele bis aus dem fernen Kopenhagen angereist, um zu protestieren. Ihre Menschenkette reichte leider nicht, obwohl die Halbinsel ungefähr gerade da am schmalsten ist, und die Grenzschranken verschwanden. Glücklicherweise kehren sie nun zurück. Denn nachdem ausprobiert wurde, wie es ist, eine grenzenlose Region zu haben, wissen auch die Schleswiger, dass Kontrolle besser ist. Besonders laut protestierten sie jedenfalls nicht und erst recht nicht an den Wahlurnen. Einen Zaun gegen die bedrohlichen Wildschweine bekommen wir ebenfalls. Und wer weiß, vielleicht kommt einmal eines Tages eine echte Mauer wie zwischen den USA und Mexiko. Die würde es in jedem Fall leichter machen, nachts ruhig zu schlafen. Jedenfalls auf der richtigen Seite der Grenze.

Aber wo sind die Schleswiger geblieben? Es war nicht wirklich jemand von ihnen, der sich besonders dafür einsetzte, die Grenze verschwinden und Schleswig zurückkehren zu lassen. Die dänischen Schleswiger – also die Südjüten –, die lange für ihre besonderen Bräuche und Traditionen bekannt waren, die sich im Verhältnis zum Rest des Reichs so sonderbar ausnahmen, wurden 1970 wieder in einer großen gemeinschaftlichen Amtskommune vereint. Doch kaum hatte das neue Jahrtausend begonnen, verschwand Südjütland von der Landkarte. Da hätte Hiort-Lorenzen große Augen gemacht. Nun stand nicht einmal mehr Sønderjylland auf der dänischen Karte, sondern Syddanmark

Ein Herzogtum war Schleswig ja auch nicht mehr. Eine Provinz oder Region war es ebenfalls nicht. Nach 1920 war es praktisch zu etwas ganz Neuem geworden, das man mit einem schicken Fremdwort – das wieder nicht aus Schleswig stammt – eine *Peripherie* nennt. Und weil es zwei Schleswige gibt – eines auf jeder Seite der Grenze –, ist es sogar eine *doppelte* Peripherie. Ein Randgebiet in zwei Nationalstaaten, die das Land in ihrem nationalen Konflikt nicht länger benötigten. Sie brauchten es nicht einmal, wenn sie einander besuchen wollten, denn nun bauten sie Brücken und Tunnel, so dass man in Zukunft ganz vermeiden kann, hier hindurchzufahren. Eine doppelte Peripherie, doch auch eine historische Landschaft, wie das auf Deutsch genannt wird. Eine Landschaft, eine Region, die es einst in der Geschichte gab und die im Lauf der Zeit in anderen Einheiten verschwand. Grenzen und Besonderheiten wurden noch lange erinnert, doch hat die Region keine politische oder administrative Bedeutung mehr.

Ist die Geschichte vorbei? Das weiß man nicht so recht. Einst war Schleswig ein reiches Land und wurde geteilt. Nun ist es in jedem Fall relativ zurückgedrängt und könnte vielleicht wieder geeint werden. Eine Region anstelle einer Peripherie? Das Merkwürdige bei historischen Landschaften ist, dass sie manchmal zurückkehren. Zu Beginn des 20. Jahrhunderts glaubte ein deutscher Historiker, dass das alte Königreich Hannover, das die Preußen erobert und aufgelöst hatten, wieder auferstehen sollte. Fast ein halbes Jahrhundert danach hörte die britische Besatzungsmacht von der Idee und kreierte nach den Vorstellungen des Historikers Niedersachsen. Nach 1990 erstanden historische Landschaften wie Sachsen, Thüringen und Mecklenburg wieder, die zuvor Jahrzehnte lang verschwunden gewesen waren.

Könnte Schleswig zurückkehren? Ein Historiker sollte nicht die Zukunft vorhersagen, doch gibt es nicht viel, das darauf hindeutet. Als die Schleswiger im 19. Jahrhundert Nationalisten in fernen Hauptstädten ihre Geschichte und Identität als eindeutig dänisch oder deutsch definieren und sich das Recht aberkennen ließen, durch Vielfalt und Übergänge charakterisiert zu werden, verloren die Schleswiger das Recht, ihre eigene Geschichte zu definieren. Sie gaben ihre eigenen Sprachen auf, die ineinander übergingen und Verstehen ermöglichten. Heute leben die Schleswiger in unterschiedlichen sprachlichen Räumen. Der bereits erwähnte Dichter Herr Hostrup würde seinen eigenen prophetischen Gaben nicht trauen, denn in Dänemark ist Deutsch ein Orchideenfach geworden; und in der Fußgängerzone in Flensburg unterhalten sich beunruhigte dänische Samstagstouristen miteinander über Geschäfte und Gaststätten, in denen Dänisch gesprochen wird, so dass sie es wagen können, hineinzugehen. Eingeborene oder zugereiste deutsche Flensburger können auch nach Jahrzehnten selbst die einfachsten dänischen Sätze weder verstehen noch sprechen. Und man spürt, dass sich doch beide in ihren *imagined communities* mit ihren jeweiligen Landsleuten aus Detmold oder Suhl, Bornholm oder Thisted wohler fühlen. Einst war es alles schlimmer. Doch einst ging es Schleswig auch besser als heute. Das war, bevor es verschwand und sich selbst und seine regionale Identität verleugnete.

Es gibt (mindestens) zwei Geschichten von Schleswig. Da gibt es die Erfolgsgeschichte, die mit der Teilung der Region als logische Konsequenz dessen endete, dass die Schleswiger, vor allem jedoch die Nachbarn der Schleswiger, sich nicht darüber einig werden konnten, inwieweit das Land dänisch oder deutsch war oder es in den einen oder anderen Nationalstaat eingegliedert werden sollte. Zuletzt wurde eine Lösung mit Hilfe des nationalen Selbstbestimmungsrechts gefunden, das als ein geschicktes Instrument erschien, Probleme dieser Art zu lösen. Es sah natürlich voraus, dass alle vorher eine Nationalität gewählt hatten und damit endlich echte, ganze Menschen geworden waren. Es berücksichtige nicht das Problem, dass es erzeugte, nämlich dass es tief enttäuschte Menschen beiderseits der Grenze gab, die auf der verkehrten Seite derselben geendet waren. Doch die meisten bekamen wohl ihren Willen.

Es gibt auch eine andere Geschichte, die nie wirklich ihre Erzähler gefunden hat. Sie folgt nicht der nationalen Logik, die sonst auf beiden

Seiten der Grenze alles beherrscht, doch folgt sie der Idee, dass auch eine Zwischenlösung hätte existieren können, ein Sowohl-als-Auch anstatt eines Entweder-Oders. Es ist die regionale Geschichte. Und es sagt viel über das Schicksal der Schleswiger, dass es nicht viele Beispiele dafür gibt, dass sie einstmals konsequent angewandt wurde. Sie passt nur schlecht zu der wohlgeordneten nationalstaatlichen Erklärung, die sie deshalb auch als naiv und dumm zurückweisen will. Es wäre die Erzählung von einer Region, deren DNS nie Eindeutigkeit war, sondern im Gegenteil Vielfalt mit zahlreichen Übergängen. Die Geschichte von Schleswig als Transitregion und einer Landschaft mit einer komplexen und variierten kulturellen Begegnung passte einfach nicht zu den Behauptungen und hasserfüllten Vereinfachungen der nationalen Erzähler. Sie steht im Gegensatz zu der Ordnung, an die wir uns mit Landkarten gewöhnt haben, die die Farbe wechseln, wenn wir eine Grenze passieren. In den Grenzregionen gehen die Farben nicht ineinander über, sondern erhalten die Vorstellung in den Köpfen von einem abrupten Wechsel zu etwas völlig anderem lebendig. In der Geschichte gab es in Schleswig keine solchen plötzlichen Übergänge. Merkwürdig genug scheint es nun, dass diese Übergangsordnung, die den nationalen Bewegungen nicht ins Konzept passte, weil sie kein Entweder-Oder war, weit besser zu einer modernen Grenzregion passen würde. Doch aufgrund dieses transitionalen Charakters ist sie weiterhin auch unheimlich irritierend. Deshalb leben wir lieber mit einer leeren Rhetorik, die die vorteilhafte Nachbarschaft betont, während wir längs der Grenze hässliche Windräder aufstellen, Wildschweinzäune errichten, von neuen Grenzstationen träumen und uns nicht bemühen, die Sprache der Nachbarn zu erlernen. Gemessen mit dem Maß einer nicht so fernen Vergangenheit ist es natürlich insgesamt sehr nett und harmonisch. Aber ist das wirklich gut genug in Betrachtung der Geschichte, die Schleswig vorzuweisen hat?

Übersetzung: Dr. Claudia Beindorf

Steen Bo Frandsen
Hvad er der blevet af Slesvig?

Der var engang et hertugdømme. Nåja, vi ved alle meget vel, at eventyr ikke findes. Et hertugdømme? Nej, i virkeligheden var der tale om et rod af forskellige territorier. Slesvig lignede et kludetæppe og så ud som en miniatureudgave af det store Tyske Rige. Historien fortæller os meget tydeligt, hvor uregerligt og kaotisk dette land var, men med det langt mindre Slesvig var det ikke meget anderledes. Tænk engang: Der var på samme tid flere hertuger. Og de var endda i familie med hinanden. Men en af dem var mere hertug end de andre – og han var oven i købet samtidig konge af Danmark og dertil endda sin egen lensherre. Hvem der så kan forstå det. Men endnu værre var det, for slesvigerne havde sammen med holstenerne *valgt* ham til deres hertug. Eller rettere sagt var det kun nogle få slesvigere og holstenere, der havde truffet dette valg. Om demokrati kunne der ikke være tale. En lille selvbestaltet klike af riddere påstod gennem århundreder, at det var dem, der talte for hertugdømmet. Det var slemme tider, og der var heller ingen national-stater. Hvor man end vendte sig, herskede der nød og elendighed. Dertil kommer også den indre uorden. Tænk engang: i dette land blev der talt et utal af sprog og dialekter. Det var det rene Babylon. En talte plat, en anden frisisk, en tredje sønderjysk, men nogle talte også højtysk og der skal endda have været nogle få, der kunne rigsdansk. Mange blandede bare de forskellige sprog til et ejendommeligt kaudervælsk. Man kan prøve at forestille sig, hvordan et land som Slesvig gennem århundreder måtte lide under, at menneskene slet ikke kunne gøre sig forståelige over for hinanden med alle disse forskellige sprog. Det var en gru. Det fortælles, hvordan friserne på Føhr – den ene halvdel var nørrejyder og den anden slesviger – engang blev glemt, da der var folketælling. I Nørrejylland var det nemlig kirken og i Slesvig staten, der stod for op-tællingen. Men Føhr hørte under Slesvig Stift. Og de havde naturligvis ikke aftalt noget med hinanden. Hvordan skulle de også have kunnet det? Ingen af dem kunne engelsk. Og som om slesvigerne ikke havde lavet kaos nok alene, kom der også fremmede til landet eller rejste gen-nem det. Huguenotter, mennonitter, jøder og herrnhuter slog sig ned.

Nørrejyske oksedrivere, probenreutere fra Hamborg, og fra det jyske fattighus kom der årligt mængder af tjenestepiger og tjenestekarle. De var uerstattelige i Slesvig, hvor man også havde lidt ondt af dem, fordi de kom deroppefra, hvor man gik med træsko.

Det blev først langsomt bedre, da selv slesvigerne efterhånden begreb, at sprog ikke primært er til for at forstå hinanden, men tværtimod for at undgå det og slippe for at tale med de andre. Kun i homogene og lukkede nationale *communities* kan et menneske realisere sig og udvikle sig til et helstøbt individ. Desværre opstod denne vigtige erkendelse ikke hos slesvigerne selv, men nåede til regionen fra universiteterne og avisredaktionerne i Kiel, København og endnu fjernere steder. Men tanken var så indlysende, at den snart vandt udbredelse i det splittede hertugdømme, der slet ikke mere selv kunne finde hoved og hale på sin egen identitet. Nogle kvikke slesvigere lærte da også snart at tale de kloge fremmede efter munden, og de gjorde det så godt, at de kloge fremmede derefter brugte dem som autentiske eksempler på, at det var den slesvigske folkesjæl, der talte.

Om identitet skulle det nu handle, og den sad jo nu engang i sproget. Nogle forstod det instinktivt, andre måtte først lære det. Tag nu engang købmand Hiort-Lorenzen fra Hadersleben, en ivrig slesvig-holstener, der som så mange andre i sin stand talte tysk. Han talte meget, og derfor blev han valgt til stænderforsamlingen i Slesvig. Der talte han også ganske meget og sagde de uforskammede danskere sin mening. Hans store øjeblik kom, da han i forsamlingen kunne fremvise et kort fra hovedstaden, hvor Slesvig var betegnet som Sønderjylland. Det var et utvetydigt bevis på, at danskerne arbejdede på overtage hele hertugdømmet og kalde det ved deres navn.

Nu ville kongen ikke høre på alt for mange råd fra sine stænder, og derfor gik der altid to lange år, inden stænderforsamlingerne igen trådte sammen. På to år kunne der også dengang ske en masse, og to år efter at den iltre og rebelske slesvigholstener havde fremvist det ominøse kort, var den gode mand blevet en helt anden. Den tyske købmand fra Hadersleben nægtede nu pludselig at tale tysk, som han ellers altid havde gjort i stænderforsamlingen. Nej, nu ville han partout tale dansk. Det kunne og ville de tyske kolleger i forsamlingen naturligvis ikke forstå. Danskerne forstod ham i øvrigt heller ikke. For det dansk, købmanden talte, var slet ikke dansk men sønderjysk, og det forstod en rigtig dansker endnu mindre end højtysk.

Dette nye optrin gjorde købmanden fra Haderslev virkelig prominent. Mens de, der før havde hyldet ham, nu så ham som en berygtet renegat, blev han hos dem, der havde foragtet ham, en uforfærdet forkæmper for Sandheden. En helt blev den gamle slesvig-holstener i kongeriget. I København, hvor de rigtige nationale danskere boede, havde de netop fået øjnene op for, at Sønderjylland var mere Danmark end nogen anden del af landet (måske fordi næsten ingen af dem havde været der). Den danske købmand fra Haderslev blev inviteret til hovedstaden og fejret af de nationale politikere ved en stor fest på skydebanen. Hiort-Lorenzen holdt takketale, og københavnerne forstod ham ikke.

Det var heller ikke let at være Slesviger. Den sidste helstatslige borgmester i Flensborg forstod heller ikke de nye tider. Han hed Jensen og levede endnu i den eventyrlige vildfarelse, at det måtte være muligt at være en loyal dansk undersåt og alligevel have tysk som modersmål. Oppe i kongeriget måtte hundredvis af den danske konges tyske undersåtter også lære, at det ikke kunne lade sig gøre. Måske kunne de dumme bønder en tid endnu benytte deres gamle dialekter, indtil de havde lært at tale rent, men de dannede vidste bedre. Den gode danske digter Hr. Hostrup ønskede sig, at tysk måtte blive danskeren så fremmed og uforståeligt som russisk. Slesvigeren Theodor Storm fortrængte erindringerne fra sin barndoms danske skole i Husum, studietiden hos den danske professor Paulsen i Kiel og de mange bind med H.C. Andersens eventyr på originalsproget i reolen og erklærede, at han ikke forstod et ord dansk. Den slags uvidenhed var nu cool. Hvis man var indskrænket, var det lettere at være en god patriot.

I det fjerne Kiel og i endnu fjernere byer som Jena og Heidelberg vidste den nye tids mænd meget vel, at Slesvig og Holsten *altid* havde været bundet til hinanden. Og *altid* havde været tyske naturligvis. I det fjerne København vidste den nye tids mænd på samme tid, at Slesvig *altid* havde været dansk. Enkelte forvirrede mennesker – både i Holsten og i kongeriget – fandt, at det ikke længere var så vigtigt, at Ejderen havde været grænse for tusind år siden. De syntes, at det var blevet andre tider med aviser og makadamiserede veje, hvorfor nutidens mennesker ikke længere kunne være bundet af det, som nogle fjerne forfædre havde skrevet på et stykke pergament i Ribe. De foreslog faktisk i ramme alvor, at man skulle finde ud af, hvad de levende mennesker gerne ville. Men det var naturligvis noget sludder.

Når sproget bestemte identiteten, kunne der logisk nok kun være to slags mennesker i Slesvig. De tysktalende og de dansktalende. Men Slesvig ville ikke have været Slesvig, hvis det ikke alligevel var lykkedes at skabe forvirring. Selv om der nu kun var to slags, viste det sig nemlig komplet umuligt at trække en klar linje imellem dem. Den ene og den anden slags boede hulter til bulter ind imellem hinanden. Der var endda stadig nogen, der ikke kunne finde ud af, om de var det ene eller det andet. Og der var slesvig-holstenere, der var tyskere, og sønderjyder, der var danskere. Det var og blev et forfærdeligt rod.

Så gav den ene slags slesvigere sig med hjælp udefra til at slå den anden slags slesvigere ihjel. Det gjorde de i tre år, uden at nogen af dem fik overhånd. Da krigen var slut, troede danskerne i det mindste, at de havde vundet. Derfor bestemte de, at alle slesvigerne nu skulle lære at tale og skrive ordentligt dansk, om de ville eller ej. Det fik sært nok mange slesvigere til at mene, at de slet ikke ville være danskere. De brød sig heller ikke om, at præsten pludselig begyndte at tale dansk, når han nu altid havde talt tysk. De ville hellere blive ved med at snakke plat og mente, at danskerne havde deres kongerige. Der skulle de blive og lade slesvigerne i fred i deres hertugdømme. De lod sig heller ikke overtale af den store løve, som danskerne stillede op på kirkegården i Flensborg for at skræmme alle fjender væk.

Freden var kommet tilbage, men de gamle dage fra før verden gik af lave, kom ikke igen. Nu skændtes alle med hinanden og alle mente, at de havde ret. De tyske slesvigere ville slet ikke mere vide af danskerne. De søgte hjælp hos deres venner i Holsten, og sammen sladrede de til deres tyske venner syd for Elben. Man kom ingen vegne. Slesvig var gået i baglås. Til sidst besluttede danskerne, at det kunne være nok. Nu ville de endelig have deres Ejdergrænse. Derfor indlemmede de hele hertugdømmet Slesvig i Danmark og gav det den samme forfatning som kongeriget. Det havde de godt nok lovet stormagterne ikke at gøre, og derfor kom der en ny krig. Den varede ikke så længe som den første, men denne gang vandt tyskerne. Ikke slesvigerne, de tyske altså, men preusserne. De fik endda hjælp af østrigerne, men også lidt af danskerne, der dummede sig både på slagmarken og ved forhandlingsbordet. Da krigen var ovre, havde preusserne erobret Slesvig, og danskerne slap endelig for at gøre sig saa mange flere tanker om den ældgamle sydgrænse ved Ejderen. Hele Slesvig blev altså alligevel ikke dansk men tysk, og Kongeåen blev den nye grænse mellem landene. De danske slesvigere drømte nu pludselig om at blive rigtige jyder. Nationalstater havde man endelig fået, selv om den danske var for lille og den tyske strakte sig længere mod nord end det lod sig rimeligt forsvare. Men Schleswig-Holstein var nu engang *ewig ungedeelt*.

Preusserne boltrede sig i deres nye provins og indlemmede den, selv om Bismarck faktisk slet ikke ville have de mange danskere ind i sit nye rige. Han vidste allerede fra Polen, hvor træls genstridige nationale fanatikere var at omgåes. Danskerne havde netop vist, hvordan man *ikke* skulle gribe det an med at omvende genstridige slesvigere af den anden slags, men det hindrede ikke de bedrevidende preussere i at prøve det samme. Resultatet blev ikke bedre. Til trods for, at preusserne anstrengte sig i årtier og med stor opfindsomhed fandt på chikaner og repressive midler for at overtale de sidste genstridige slesvigerne til at blive tyskere. Det ville de bare ikke. Mange blev nærmere endnu mere danske end tidligere.

Historikerne elskede at fortælle historien ned i mindste detalje om denne endeløse kamp, der havde varet siden tidernes morgen. Her var der helte som den drabelige dragon Kjeldsen eller den dødsforagtende pioner Klinke, og der var skurke som den uheldige hertug i bunden af natpotten. Men altid gjaldt det, at for den ene slags var den anden slags skurke og voldsmænd og omvendt. For den ene slags ville de fremmede altid komme og tage landet, og for den anden slags havde de fremmede allerede gjort det.

Da der nu endelig var kommet nationalstater, kunne alle lære *Historien* i skolen fra de var ganske små. De fik altid kun fortalt den ene version, og derfor troede de også oprigtigt, at der kun kunne være en måde at se på. De andre havde altid uret. Så let var det. Børnene lærte også, at man ikke kunne blive et rigtigt og godt menneske uden at have en national identitet. Med sådan en blev man både lykkeligere og bedre end alle andre. Hvis det altså var den rigtige nationale identitet. Det gjorde alting lettere, for så behøvede man slet ikke at tænke over, hvad de andre sagde. For de tog naturligvis fejl. Sådan gik det efterhånden til, at slesvigerne i Slesvig blev danskere og tyskere. De havde lært at hade hinanden, og de ville aldrig mere leve sammen med hinanden. De håbede bare på endelig at få en rigtig grænse, så det blev muligt at vende ryggen til hinanden og slippe for at tale sammen. De kloge mennesker fra København og Kiel og andre steder havde overbevist slesvigerne om, at de altid havde været forbitrede fjender. Det var fuldkommen idiotisk at tro, at man kunne leve sammen i det samme land.

Danskerne og preusserne var altså i princippet enige om nødvendigheden af at indrette sig hver for sig efter nationale principper. Man skulle bare finde ud af, hvor den ene nation holdt op og den anden begyndte. Men heller ikke det kunne de blive enige om. Det var nu også fordi, at de begge ville have en rigtig grænse, en historisk grænse, der altid havde været der. Danskerne ville for alt i verden have en grænse ved Ejderen og intet andet sted. Preusserne var lidt mere ligeglade – det var jo ikke deres historie – men de mente alligevel som slesvigholstenerne, at grænsen skulle være ved Kongeåen.

Men tiden gik, og selv om slesvigerne selv blev ved med at dyrke deres nationale modsætninger, lød der nye toner uden fra den store verden. I hovedstæderne, hvor de kloge i sin tid havde fundet på at hade hinanden, begyndte nogle at tænke i nye baner. Efterhånden så det jo også ud til, at grænsen mellem det mikroskopiske Danmark og det enorme Tyskland ville blive liggende, hvor den gjorde. Prinserne, politikerne, ministrene og diplomaterne var blevet så trætte af at skulle høre om dette forvirrede og rodede landskab, der ikke vidste, hvorhen det ville, og om det nu var det ene eller andet. Hverken danskerne og preusserne ville i deres nationalstater have noget både-og, men kun et enten-eller. Man kunne ikke være lidt det ene og meget det andet eller omvendt.

Så mens verden udenfor begyndte at glemme slesvigerne og deres gamle strid, var slesvigerne så heldige, at der igen kom en stor krig. Den var større og værre, end nogen krig før havde været. Den kom aldrig til Slesvig, men slesvigerne var selv med i den. Da den var forbi, havde tyskerne tabt. Og selv om de ikke havde tabt til danskerne, der slet ikke havde deltaget i krigen og kun solgt en masse varer til tyskerne, kom der nu nogle mænd fra Frankrig og mente, at grænsen skulle ligge et andet sted end der, hvor den plejede. Heller ikke denne gang var det noget, slesvigerne selv havde fundet på, men selv om det var meningen, at de skulle spørges ved en folkeafstemning, havde de for længst vænnet sig til, at andre bestemte og kom rejsende med gode ideer.

Hvor skulle grænsen gå? Ville slesvigerne være danskere eller tyskere? I hvert fald ville man ikke risikere, at noget kunne gå galt og slesvigerne igen gjorde noget andet, end de skulle. Derfor var man så fornuftig kun at spørge, om de var danske eller tyske. Stemmesedlen havde kun de to rubrikker. Ingen kunne være lidt af det ene og lidt af det andet, og Slesvig kunne heller ikke mere være Slesvig. Mellemformernes og forvirringens tid var forbi en gang for alle. Der var kun sort og hvidt, og slesviger kunne man ikke mere være. Denne gang gjorde slesvigerne, som de skulle, og delte sig i to slags. Ingen kunne bagefter vide, hvor mange der måske havde været noget tredje. Da de havde stemt, var der i hvert fald kommet en rigtig grænse, og det forvirrede land var delt i to.

Se med en rigtig grænse, der var trukket (omtrent) efter princippet om national selvbestemmelsesret mellem to nationalstater, var der jo egentlig ikke mere at skændes om. Men sådan gik det nu ikke. Der var stadig danskere, der ville have grænsen til at gå ved Ejderen, mens andre danskere i det mindste ville sikre, at den gamle danske by Flensborg kom til at ligge nord for grænsen. Da det mislykkedes, udløste det en ny dramatisk politisk krise i København, men heller ikke bagefter var alle bare glade. De tyske slesvigere var det bestemt heller ikke, for de vidste jo, at Slesvig var udeleligt, og nu var det blevet delt alligevel. Hvad værre var, havde danskerne fået tegnet grænsen på en måde, så der ikke blev taget hensyn til tyske flertal i nogle tilgrænsende sogne nord for grænsen. Men danskerne stod fast og nægtede at revidere linjen, og derfor nægtede den nye tyske demokratiske regering officielt at anerkende grænsen. De to nye mindretal kunne naturligvis heller ikke være glade for den nye grænse, selv om det var den, der gjorde, at de pludselig fandtes. Så der blev ved med at være mange gode grunde til fortsat at være mistroiske og dårlige naboer.

Snart kom nationalsocialisterne til magten i Berlin, og nogle af deres ivrige partisoldater i Slesvig ville helst straks være marcheret over grænsen for at hente den tabte del af det udelelige land hjem igen. Men selv om stemningen var ophidset på begge sider, viste det sig, at de nye magthavere i det tyske rige slet ikke interesserede sig for det evindelige gamle spørgsmål mere. De udskød en løsning til en anden god gang, og selv da de besatte Danmark nogle år senere, gjorde de ingen anstalter til at flytte grænsen tilbage til Kongeåen eller et andet sted hen. Nu var det også altsammen Tyskland i en vis forstand.

Da krigen var forbi, og Tyskland igen havde tabt, var det nu danskerne, der glemte, at grænsen lå fast. Endelig var der håb om, at grænsen kunne komme derned, hvor den altid skulle have ligget. Noget stort problem var det ikke, for hvis de slesvigere, der tidligere havde ladet sig narre til at tro, at de var tyskere, selv om de jo dog var af dansk blod siden Arilds tid, indså, at de egentlig var danske, der levede på gammel dansk jord, ville alting falde på plads. Alle danskere ville så endelig være danskere. Man kunne desuden slippe af med de forfærdelige flygtninge, der nu var kommet væltende til Slesvig østfra og truede med at forandre landet og befolkningen til ukendelighed.

Det var så snublende tæt på at blive virkelighed, og dog blev det heller ikke til noget denne gang. De tyske slesvigere besindede sig snart og faldt tilbage i deres gamle vildfarelse. De accepterede endda at skulle leve sammen med flygtningene i et nyt *Schleswig-Holstein*. Og heller ikke den danske regering ville lege med. Da den britiske besættelsesmagt var blevet træt af at høre på danskernes evindelige klager, signalerede den, at de kunne få grænsen, hvor de ville have den. Men briterne antydede, at det nok ville være en dårlig ide at flytte den sydpå, hvis Tyskland en dag igen skulle blive stort og stærkt. Den danske regering forstod vinket. Derefter blev kun Genforenings*håbet* tilbage.

Få år senere skulle Vesttyskland være et rigtigt land og optages i NATO. Der var Danmark allerede, og derfor kunne det kun ske, hvis den danske regering sagde ja. Det var en fortrinlig chance til endelig at finde en løsning på de resterende problemer. Endelig blev grænsen anerkendt, og endelig blev der lavet en aftale om mindretallene. Det var en mageløs aftale, som ingen nogensinde har haft noget at udsætte på. Den bestod af to ens erklæringer; den ene (på tysk) blev vedtaget i Bonn og den anden (på dansk) i København. Forståelsen mellem de nye partnere var så stor, at de slet ikke behøvede at mødes for at skrive under. De udvekslede heller ikke traktaterne, som det ellers er praksis. Erklæringerne betød, at ingen kunne blande sig i den andens forhold, og naboerne levede herefter lykkeligt i en perfekt parallelverden. De behøvede næsten ikke engang at tale med hinanden igen.

Bonn og København. København og Bonn. Slesvigerne var der ikke rigtig nogen, der spurgte. Men de fandtes jo egentlig heller ikke længere. Efter erklæringerne var blevet underskrevet, blev alting godt. Det gamle land på begge sider af den dejlige grænse udviklede sig til en af de hyggelige udkanter, hvor der altid var venlige gamle mennesker, der passede de gamle landsbyer, og somme tider kunne sige et par sætninger på et uforståeligt språk; hvor man altid kunne få et hus til langt billigere penge end i de fortravlede storbyer, og hvor de unge mennesker ikke behøvede at hænge omkring, men hurtigt kunne finde sig en uddannelse i en anden del af landet. Det var somme tider på betryggende vis, som om tiden stod stille her. Den hyggelige veteranbane kørte som altid gennem landet og gjorde stop i selv de mindste byer. Længst standsede den ved grænsen, hvor politi og tolderne skulle gøre det samme arbejde – først de danske og så de tyske eller omvendt. Og så skulle der skiftes lokomotiv, for man kunne selvfølgelig ikke bruge de samme på begge sider. Trist egentlig at man ikke fra starten havde fået lavet en forskellig sporvidde. Det kunne have været en fornøjelig tradition helt at skifte tog og slæbe bagagen over i en anden vogn. På landevejen var der trafik, og ved grænsen blev bilkøerne i Kruså især på feriedagene endeløse. Det var rigtig hyggeligt at køre langsomt over grænsen og med en følelse af *suspense* vente på, om tolderne ville finde alle de forbudte flasker i bagagerummet. Og en uforglemmelig triumffølelse at kunne køre videre med en hel flaske billig sprit, som posekiggeren havde overset.

Det lykkedes heldigvis at få trukket anlægget af en ny kedelig motorvej ud, så den først stod færdig på den danske side næsten en menneskealder efter erklæringerne. Bygget blev den vist nok kun, fordi Danmark var blevet medlem af Fællesmarkedet. Det ville slesvigerne nord for grænsen gerne, selv om de danske slesvigere syd for grænsen advarede dem. De vidste jo, hvor fælt det var at være i Europa, men lige meget hjalp det. Selv om hele Slesvig således igen i en vis forstand var blevet samlet, ændrede det nu ikke så forfærdelig meget. Og da der var nogle, der begyndte at tale om en *Euroregion* og endda om en åben grænse, som de havde det i det skrækkelige Schengen-samarbejde, gik det dog for vidt. Ligesom under krigene i forrige århundrede kom der mange tilrejsende helt fra København for at protestere. Deres menneskekæde rakte desværre ikke, selv om halvøen omtrent er kortest lige der, og grænsebommene forsvandt. Heldigvis er de nu ved at vende tilbage. For efter at have prøvet, hvordan det var at have en grænseløs region, ved også slesvigerne, at kontrol er bedre. Særlig højlydt protesterede de ikke og da slet ikke i stemmeboksen. Et hegn mod de truende vildsvin, får vi også. Og hvem ved, måske kommer der en dag en rigtig mur lige som mellem USA og Mexico. Det ville gøre det lettere at sove om natten. I hvert fald på den rigtige side af grænsen.

Men hvor blev slesvigerne lige af? Der var ikke rigtig nogen af dem, der gjorde særlig meget for at få grænsen til virkelig at forsvinde og Slesvig til at vende tilbage. De danske slesvigere – altså sønderjyderne – der længe var kendt for deres særlige skikke og traditioner, der var så underlige i forhold til resten af rigets, blev i 1970 igen samlet i en stor fælles amtskommune. Men næppe var det nye årtusind begyndt, før Sønderjylland helt forsvandt fra landkortet. Der havde Hiort-Lorenzen nok gjort store øjne. Nu stod der ikke engang Sønderjylland på de danske kort, men Syddanmark.

Et hertugdømme var Slesvig jo heller ikke mere. Ikke engang en provins eller en region. Efter 1920 var det faktisk blevet noget helt nyt, som man med et flot fremmedord – det kommer heller ikke fra Slesvig – kalder en *periferi*. Og da der er to Slesvig'er – et på hver side af grænsen – er det endda en *dobbelt* periferi. En udkant i to nationalstater, der ikke længere havde brug for landet i deres nationale konflikt. De havde ikke engang brug for det, når de skulle besøge hinanden, for nu fandt de på at bygge broer og tunneller, så man i fremtiden helt kan slippe for at køre igennem. En dobbelt periferi men også et historisk landskab, som det kaldes på tysk. Et landskab, en region, der fandtes engang i historien, og som i tidens løb er forsvundet ind i andre enheder. Grænser og særtræk bliver husket længe endnu, men en politisk eller administrativ betydning har regionen ikke længere.

Er historien ude? Det er ikke godt at vide. Engang var Slesvig et rigt land og blev delt. Nu er det i hvert fald relativt set tilbagestående og kunne måske igen blive samlet? En region i stedet for en periferi? Det underlige ved historiske landskaber er, at de somme tider kommer tilbage. I begyndelsen af 1900-tallet mente en tysk historiker, at det gamle kongerige Hannover, som preusserne havde erobret og opløst, burde genopstå. Næsten et halvt århundrede senere hørte den britiske besættelsesmagt om den ide og kreerede Niedersachsen efter historikerens forestillinger. Efter 1990 genopstod historiske landskaber som Sachsen, Thüringen og Mecklenburg, der ellers havde været forsvundet i årtier.

Kunne Slesvig vende tilbage? En historiker skal ikke spå om fremtiden, men der er ikke meget, der tyder på det. Da slesvigerne i 1800-tallet lod nationalister i fjerne hovedstæder definere deres historie og identitet som entydig dansk og tysk og frakendte dem retten til at være karakteriseret ved mangfoldighed og overgange, mistede slesvigerne retten til at definere deres egen historie. De opgav deres egne sprog, der gled over i hinanden og gjorde forståelse mulig. I nutiden lever slesvigerne i forskellige sproglige rum. Førnævnte digter Hr. Hostrup ville ikke kunne tro sine egne profetiske evner, for i Danmark er tysk blevet et orkide-fag, og på gågaden i Flensborg taler forurolgede danske lørdagsturister med hinanden om forretninger eller værtshuse, hvor der tales dansk, så de tør gå derind. Indfødte eller tilrejste tyske flensborgere formår heller ikke efter årtier at forstå endsige at tale blot de mest enkle danske sætninger. Og man fornemmer at begge dog føler sig bedre tilpas i deres *imagined communities* med deres respektive landsmænd fra Detmold eller Suhl, Bornholm eller Thisted. Det var engang altsammen værre. Men det gik også engang Slesvig bedre end nu. Det var før det forsvandt og fornægtede sig selv og sin regionale identitet.

Der findes (mindst) to historier om Slesvig. Der er succeshistorien, der endte med regionens deling som en logisk konsekvens af, at slesvigerne men frem for alt slesvigernes naboer hverken kunne enes om, hvorvidt landet var dansk eller tysk eller skulle indlemmes i den ene eller den anden nationalstat. Der blev til sidst fundet en international løsning ved hjælp af den nationale selvbestemmelsesret, som fremstod som et snedigt instrument til at løse den slags problemer. Det forudså naturligvis, at alle forinden havde valgt en nationalitet og dermed endelig var blevet rigtige, hele mennesker. Det tog ikke højde for det problem, det skabte, nemlig at der var dybt skuffede mennesker på begge sider af grænsen, som var endt med at være på den forkerte side. Men de fleste fik vel deres vilje.

Der er også en anden historie, som aldrig virkelig har fundet sine fortællere. Den følger ikke den nationale logik, som ellers er altbeherskende på begge sider af grænsen, men den følger den tanke, at der også kunne have eksisteret en mellemløsning, et både-og frem for et enten-eller. Det er den regionale historie, og det siger meget om slesvigernes skæbne, at der ikke findes mange eksempler på, at denne tilgang er blevet konsekvent anvendt. Den passer dårligt til den velordnede nationalstatsforklaring, som da også ville afvise den som naiv og dum. Det ville være fortællingen om en region, hvis DNA aldrig var entydighed, men tværtimod mangfoldighed med et væld af overgange. Historien om Slesvig som transitregion og et landskab med et kompleks og varieret kulturmøde passede slet ikke til de nationale fortællingers postulater og hadefulde forenklinger. Den er i modstrid med den orden, som vi har vænnet os til med landkort, der skifter farve, når vi passerer en grænse. I grænseregionerne flyder farverne ikke sammen, men opretholder forestillingen om et brat skift til noget helt andet. Det var ikke Slesvig i historiens lange løb, og det er det vel heller ikke i dag, men hundrede års adskillelse har følger. Underligt nok forekommer det, som om denne overgangsorden, som de nationale bevægelser ikke ville have, fordi den ikke var sort-hvid, ville passe meget bedre til en moderne grænseregion. Men den er også stadig foruroligende. Derfor lever vi hellere med en hul retorik, der betoner det fortrinlige naboskab, mens vi opstiller hæslige vindmøller langs grænseskellet, laver vildsvinehegn, drømmer om nye grænsestationer og undlader at anstrenge os for at lære nabosproget. Målt med en ikke så fjern fortids alen er det naturligvis altsammen meget smukt og harmonisk. Men er det virkelig godt nok i betragning af den historie, Slesvig kan fremvise?

Ästhetische Perspektivierungen

.

Alf Mayer
Am Ende ist die Küche leer –
Das Filmprojekt „Heimat" von Edgar Reitz

„Vor langer Zeit waren wir alle Bauern. Die Erinnerung daran ist bei vielen von uns ausgelöscht. Ich weiß es noch, und ich weiß auch, was Kinderarbeit ist. Aber Sie? Wir mobilen Bewohner unbestimmter Orte." – schreibt Edgar Reitz 1985 im Vorwort des damals ersten Buches zu seiner großen Filmserie „Heimat".

> „Wir brauchen für unsere Geschichten neue transportable Beweisstücke. Das sind zum Beispiel Filmbilder – oder andere Bilder –, die wir mitnehmen können. Das ist auf besondere Weise der Film. Er ist umfassender als Beweis, er bewegt alle sinnlichen Wahrnehmungen zugleich, er beweist in Bild und Ton und Zeit die Geschichten. Ein Film kann uns überall hin folgen, er kann uns das verlorene Dorf ersetzen."[1]

Für Edgar Reitz ist solch eine Erinnerung auch eine Form des Abschieds. Eine Versöhnung. Wenn man sich nicht würdig trennt, sagt Reitz – fast wie Schamane – , wenn man die Schmerzen des Abschieds vermeidet, dann wird die Wand, die das Leben vom Tod und unsere Gefühle von der Welt trennt, immer dicker. Dann schreitet die Geschichte voran, indem sie ihr Gedächtnis verschließt, wie man die Ohren oder den Blick vor etwas verschließen kann. Wir kennen das alle. Und nur zu gut.

Die Wegwerfgesellschaft, schreibt Edgar Reitz anno 1985, angeregt auch von Chris Markers „Sans Soleil", umgibt sich, ohne es zu wissen, mit den Geistern der weggeworfenen Dinge, die an uns Rache nehmen werden. Film kann ein Mittel der Versöhnung mit diesen Geistern sein.[2]

Solch ein Film – ein wirklich mächtiger Film – ist „Heimat". (Im Folgenden in Versalien geschrieben.)

Ein normaler Spielfilm hat um die 30 Drehtage, wenn er für ARD, ZDF oder RTL ist, eher weniger. HEIMAT aber, das waren:

---

[1] Edgar Reitz: *Heimat. Eine Chronik in Bildern*, München und Luzern 1985, S. 11.
[2] Ibid., S. 8-10.

- 282 Drehtage, 54 Mitarbeiter, 56 Schauspieler, 159 Laiendarsteller, 5865 Komparsen.
- Arbeit am Drehbuch: eineinhalb Jahre, 1979 bis 1980. 2000 Seiten, zusammen mit Peter Steinbach, zunächst ohne Auftrag. Dann kam der WDR dazu.
- 7 Monate Drehvorbereitung.
- Eineinhalb Jahre Dreharbeiten: 30. April 1981 bis 31. Oktober 1982.
- Ein Jahr und einen Monat: Schnitt.
- Ein halbes Jahr Fertigstellung: Tonmischung, Musik, Kopierwerk, Video.
- Dann war es Anfang 1984.
- Investierte Lebenszeit: Fünf Jahre, vier Monate. Davor mit „Der Schneider von Ulm" die größte Pleite seines Lebens. Ein Giga-Flop. In jeder Hinsicht. Auch künstlerisch. Einen Tag nach Abschluss der Dreharbeiten für HEIMAT wird Edgar Reitz 50. Er hat alles – seine ganze Karriere, sein ganzes Leben – auf eine Karte gesetzt.

Ich habe ihn damals oft erlebt. Wir waren befreundet. Ihm ging der Hintern auf Grundeis. Er hing überm Abgrund. Aber dennoch ruhte er irgendwie in sich. Er wusste, er war an etwas Großem dran. Aber den Kulturbetrieb kannte er eben auch hinreichend.

- 320.000 Meter verdrehtes Material, 35 Millimeter. Davon 200.000 Meter Schwarzweiß, 120.000 Meter Farbe. Gefilmt mit Arriflex, Format 1:1,66. Das ist Breitwand, nicht das Fernsehviereck.
- Endlänge: 28.000 Meter. 15 Stunden, 24 Minuten, 10 Sekunden.
- Hergestellt von der Edgar Reitz Filmproduktion, in Koproduktion mit dem WDR und dem SFB.
- Premiere am 30. 6. und 1.7. 1984 im ARRI-Kino auf dem Filmfest München.

Das Plakat dafür ist selten. Auf ihm steht: HEIMAT – *Ein Film in zwei Teilen*. So war das dann auch. Eine einmalige Vorstellung. Einmal 8 und einmal 7,5 Stunden.

Bernd Eichinger, damals der Chef der Neuen Constantin Film, die mit Filmen wie „Die Kinder vom Bahnhof Zoo" oder „Die unendliche Geschichte" viel Geld verdient hatte, fand, dass HEIMAT im Kino gezeigt werden muss – nicht im Fernsehen. Eichinger bezahlte die 35mm-Kopie. Eichinger bezahlte die Premiere, Eichinger bezahlte auch mich. Ich war damals fünf Wochen in München und machte das Presseheft für die Premiere. Weißer Umschlag, kein Titel darauf, nichts, 40 Seiten Inhalt, totales Understatement.

„Was dem deutschen Film fehlt (nach dem Tod von Fassbinder allemal), ist der notwendige Schuss kreativer Wahnsinn", schreibt Eichinger im Presseheft. Und weiter:

> „Insofern hatte das Projekt von Edgar Reitz seit jeher meine Sympathie, denn ein 16-Stunden-Film, das ist Wahnsinn. Aber das ist nicht alles. Jede Minute dieses Films ist von einer so seltenen Kraft, dass ich keine einzige missen möchte. Ich jedenfalls halte HEIMAT mit für das beste, was jemals in deutscher Sprache gedreht wurde." – So Eichinger im Vorwort zum Presseheft.[3]

HEIMAT wird ein Triumph der deutschen Filmgeschichte. Ein Jahrhundert-Epos. Geht ja auch von 1919 bis 1982.

Preis der internationalen Filmkritik, Grimme, Visconti, Fellini, Karl-Zuckmayer, Konrad Wolf-Preis, um nur einige zu nennen. Aus heutiger Sicht vollkommen unvorstellbar, dass der erste „Heimat"-Zyklus im Jahr 1984 in der ARD an elf Abenden zweimal die Woche ausgestrahlt wurde, und das direkt nach der Tagesschau. Erst mit „Berlin Babylon" gab es 2018 wieder einen ähnlich konzentrierten und prominenten Auftritt. Zehn bis zwölf Millionen Zuschauer schalteten sich damals zu, um die Lebens-Geschichte zweier Familien zu verfolgen.

> „Heimat übersetzt die große deutsche Geschichte in eine Dimension, in der sie der Größe entkleidet wird, nämlich in die der kleinen Leute, die ihr Leben in Würde und ohne Größe führen. Reitz lenkt seinen Film durch den Wärmestrom der Geschichte: ein seltener Glücksfall!", schreibt Karsten Witte zur Fernsehaufführung in der „Zeit".[4]

---

[3]   Zitiert nach: *Heimat – Ein Film in zwei Teilen*. Presseheft, München 1984.
[4]   Die Zeit Nr. 38, 14.09.1984, S.49.

Frei erfunden und doch real

„Heimat – eine deutsche Chronik" beginnt in einem Dorf im Hunsrück nach dem 1. Weltkrieg, behandelt den Faschismus und die Nazi-Zeit, den 2. Weltkrieg, Wiederaufbau und Wirtschaftswunder. Endlich ist Schluss mit „Grün ist die Heide" und „Wenn die Alpenrosen blühn". Statt verkitschender Romantik oder Geschichtsverleugnung eine poetische wie auch realistische Annäherung an die großen Themen Liebe, Tod, Erinnern und Vergessen, Fortgehen und Heimkommen, an Geschichte – und an „Heimat". Neben Alexander Kluge oder Eberhard Fechner und Kempowski hat kaum jemand so intensiv an Bildern und Geschichten zur Erinnerung gearbeitet.

Wer in den Hunsrück reist – und viele Fernsehzuschauer tun das dann auch; eine Zeitlang gibt es fast einen richtigen Tourismus –, der wird 300 Dörfer finden, aber keines davon heißt Schabbach. So nennt Reitz seinen Ort. Er ist erfunden, und doch real.

HEIMAT erzählt die Geschichte dieses fiktiven Hunsrück-Dorfs von 1919 bis 1982. (Später gibt es noch insgesamt vier Weiterführungen bis ins neue Jahrtausend.) Im Mittelpunkt steht die Familie Simon, ganz besonders Maria Simon, die 1900 geboren wurde und deswegen immer so alt ist wie das Jahrhundert. Mit ihrem Tod endet 1982 auch der erste Teil. Aber wir sehen sie dann noch im Himmel. Wirklich.

Maria heiratet Paul Simon, mit dem sie zwei Söhne bekommt. Eines Tages verschwindet Paul, ohne ein Wort zu sagen, nach Amerika und lässt seine Familie zurück. Erst nach dem 2. Weltkrieg kehrt er in seine Heimat zurück, aber es hat sich viel verändert. Nicht nur seine Söhne sind erwachsen und kommen langsam aus dem Krieg heim; auch sein Vater ist verstorben; seine Mutter ist sehr alt und stirbt ebenfalls im Laufe seines Besuchs. Maria, die Paul so lange die Treue gehalten und nie gewusst hat, was mit ihrem Mann war, hatte eine andere Liebe gefunden, aus der der kleine Hermann entstanden ist. Paul findet sich in seiner Heimat nicht mehr zurecht und begibt sich wieder in die USA. Es gibt da so Sätze wie: „Wenn dir bei uns einer auf dem Gehsteig entgegen kommt, weichst du aus. In USA fragst du ihn, wie viel es kostet, damit er auf die andere Straßenseite geht."

Die beiden großen Söhne verwirklichen ihre eigenen Geschäfts-ideen; auch Hermann wird erwachsen und verlässt die Mutter. Am Ende ist die Küche, die vorher der Mittelpunkt der Familie war, leer.

Maria am Küchentisch, die Hände im Teig – dieses Motiv, hatten wir damals als Plakatmotiv für HEIMAT ausgesucht. Vorangegangen waren nächtelange Diskussionen mit dem Ehepaar Sickert, die für alle großen Filme des Neuen Deutschen Films und den Filmverlag der Au-toren die Plakate schufen. Maria mit Schürze am Küchentisch, das war für uns damals im engeren Kreis um Edgar Reitz das ultimative Bild für HEIMAT.

Jetzt ist die Küche leer. Zur Beerdigung von Maria versammeln sich alle ein letztes Mal in der Heimat. Man darf hier auch Marita Breuer fei-ern, 1953 in Düren geboren, damals Theaterschauspielerin, ehe Edgar Reitz sie für den Film entdeckte – wie übrigens auch Gudrun Landgre-be. Marita Breuer spielt ihre Figur über 60 Jahre. Es ist ein Traum, und dabei ganz irdisch, ganz erdig, ganz … ganz und gar menschlich.

Edgar Reitz wollte keinen Historienfilm drehen, das war überhaupt nicht sein Interesse – obwohl man zum Beispiel in vielen Details die Renovierung eines Fachwerkhauses sieht. Er will Erinnerungsarbeit leisten. Sein Thema ist nicht die ‚große‘ Geschichte, sondern das, was im Hunsrück-Dorf geschieht und was man dort von der Geschichte spüren kann. Die Weltgeschichte spiegelt sich nur gelegentlich in den Geschichten der Einzelnen, wenn sie radikal in deren Leben eingreift.

Die ‚Dableiber‘ und die Weggegangen

Keine Heimat der Welt kann alle behalten. Aber ihr Weggehen hat im-mer zur Folge, dass ein Stück Heimat kaputtgeht. Sie hinterlassen Lü-cken, in die nur etwas von den Weggegangenen dieser Welt, nichts vom Dagebliebenen passt. Das ist eine Kettenreaktion, die niemand begreift, und doch muss man als Weggegangener damit leben, ein Verbrechen an der Heimat begangen zu haben. Das muss auch Paul feststellen, als er aus Amerika nach Schabbach zurückkehrt. Wie ein kleines Kind läuft er zur Schmiede des Vaters, in dem naiven Glauben, die Heimat läge dort in einer Art Dornröschenschlaf. Aber wenn man zurückkehrt, findet man keineswegs eine Welt, in der diese Sehnsüchte erfüllt sind. Es haben Veränderungen stattgefunden, man sieht vor allem auch, dass diese Welt nicht die Entsprechung der Sehnsüchte sein kann. Heimat, das ist auch Erinnerung. Das ist auch Sehnsucht. Heimweh haben ..., auch wenn es keinen Ort mehr dafür gibt.

Für die Dagebliebenen zeigt sich die Heimat auf eine andere Weise. Alles spielt sich in ihrem Dorf ab; dabei stellt sich keiner die Frage, ob es richtig ist, hier zu leben, sondern man gestaltet sein Leben und seinen Ort unbewusst. Besonders in den ersten Episoden stellt Reitz dar, welches Glück es sein kann, in eine dörfliche Gemeinschaft eingebunden und mit der Landschaft verwurzelt zu sein. Für die ‚Dableiber' ist Schabbach die Mitte der Welt. Das wird zum Beispiel dadurch bewiesen, dass eine Reiterin auf dem Weg von Paris nach Berlin natürlich mitten durch Schabbach kommt. Kommen muss.

Aber durch das Weggehen der einen beginnt auch für die ‚Dableiber' die Fremde zu existieren. Man hört Radio, man geht ins Kino, wo man den Kontakt mit der ‚großen weiten Welt' herstellt. Der Filmemacher Edgar Reitz, der selbst im Alter von 19 Jahren aus dem Hunsrück weg nach München ging, hat ein großartiges Sensorium für solche Szenen. Auch die technische Entwicklung drängt ins Dorf. Da gibt es den Ausbau der Hunsrück-Höhenstraße, den Ausbau der Telefonnetze und die Entwicklung moderner Medien wie Radio und später Fernsehen. Die Alten vereinsamen und werden mit ihren Geschichten allein gelassen. So löst sich auch die Küche als Mittelpunkt der Familie auf. Jetzt ist sie leer. Ich weiß nicht, wie lange ich mir eine Küche gewünscht habe mit Kachelofen und Sofa, auf dem ich liegen und beim Kochen zusehen konnte wie mein Großvater. Ist nie passiert.

HEIMAT läuft im Spätsommer 1984 außer Konkurrenz bei den Internationalen Filmfestspielen in Venedig. Deutsche Filmemacherkollegen haben dafür gesorgt und an den Direktor des Festivals geschrieben: „Heimat, der Geburtsort, ist für jeden Menschen die Mitte der Welt. An diese einfache Wahrheit erinnert uns Edgar Reitz in kosmopolitischer Zeit. 16 Stunden sind um keine Minute zu viel für dieses europäische Requiem der kleinen Leute, das Erfahrungen unseres ganzen Jahrhunderts umfasst." Gleichzeitig höchste Kunst und äußerste Wahrheit ist der Film für den „Corriere de la Sera", und wie alle wirklich schönen und magischen Dinge, lautet das Zitat weiter, bleibt er beides, dank seiner Allgegenwart. Ein körperliches und poetisches Kino erlebt die „La Republica". Stellen Sie sich „Novecento" im grünen Rheinland vor, meint „Il Giorno". – „Der erste echte Filmroman, das deutsche ‚Krieg und Frieden', geschrieben mit der Filmkamera anstelle der Feder", heißt es im „Paese Sera".

„Würde ein Lebewesen von einem fernen Planeten uns die Frage stellen, welche Filme man sehen müsste, um Auskunft zu bekommen über Deutschland im 20. Jahrhundert, so würde der HEIMAT-Zyklus von Edgar Reitz wohl zu den wichtigsten Empfehlungen gehören," schrieb die „Süddeutsche Zeitung" 2004.[5]

HEIMAT war eine Reaktion auch auf amerikanische Fernsehserien wie „Dallas" und vor allem auch „Holocaust". – Ist das noch präsent? „Holocaust", die Geschichte der Familie Weiss als vierteilige US-amerikanische TV-Mini-Serie aus dem Jahr 1978 von Marvin J. Chomsky. Hoch umstritten, weil darin auf trivialisierte Weise, aber eben massenwirksam erzählt wird.

Keine Serie, sondern ein Film

Edgar Reitz wird bis heute nicht müde, zu betonen, dass HEIMAT keine Serie ist. Für ihn ist es eine Art filmischer Roman, eine durchgehende Erzählung von epischen Ausmaßen, die aus praktischen Gründen – die Verwertung lässt grüßen – in Kapitel aufgeteilt werden musste. Ich habe HEIMAT mehrmals am Schneidetisch, dann bei der Premiere in München im Kino und dann noch einmal an einem Wochenende im Schauspiel Frankfurt gesehen. Das war die schönste Aufführung von allen. Weil ich mich auf das Wiedersehen gefreut hatte, weil ich da Kapazität hatte, andere Leute zu beobachten. Die glücklichen Augen in den Pausen, den Redeschwall, weil unweigerlich eigene Erinnerungen aufsteigen. Diese Freude, die Filmpersonen so kennenzulernen, wie

---

[5] http://heimat.edgar-reitz.com/index.php/pressestimmen.

man Menschen kennenlernt, und zu lieben oder zu achten, zu mögen oder zu bezweifeln. Wie Menschen eben.

Das Fernsehen zwang Reitz, den einzelnen Kapiteln kleine Zusammenfassungen voranzustellen, sogenannte ‚Recaps‘. Das löste er, indem er den Glasisch als Erzähler einführte, der anhand von Familienfotos Ordnung in die Chronologie der Ereignisse zu bringen sucht. (Solche Kapiteleinleitungen gab es schon einmal, im ‚picaresken Roman‘, vom 16. Jahrhundert bis heute auch als Schelmenroman bekannt, unlängst von Daniel Kehlmann mit dem Eulenspiegelroman „Tyll" wiederaufgelegt.) Erst dieser Erzähler macht HEIMAT zu der „deutschen Chronik", die der Titel meint. Sozusagen eine neue filmische Gattung, die FIKTIVE Chronik. Als Chronik einer Jugend („Die zweite Heimat"), als Chronik einer Zeitenwende („Heimat 3"), als Chronik einer Sehnsucht („Die andere Heimat"), als *Fragmente*.

Die fiktive Chronik ist eine epische Erzählform, die auf Dramatisierungen verzichtet – keine Fanfaren, keine billigen Tricks – und den Wechsel zwischen Haupt- und Nebenhandlungen zum Prinzip erklärt. Reitz interessiert das Nachzeichnen von Biografien und wie sie sich verschränken, das Netzwerk von Beziehungen und von Parallelgeschichten. Immer geht es ums Kommen und Gehen, um die Trauer des Abschieds und die Freude des Wiedersehens. Reitz hält es wirklich durch, seine Figuren zu respektieren, sie nie zu instrumentalisieren oder als Träger von moralischen Aussagen zu missbrauchen – wie man das normalerweise tut. Immer wieder erlebte Reitz – der sich das ja alles zusammen mit seinem Coautor Peter Steinbach ausgedacht hat –, wie die Figuren sich verselbständigten. Wie sie sich eigenwillig über allerlei dramaturgische Absichten hinwegsetzten. Wie er ihnen zuschauen konnte, wie sie leben, wie sie sich zur Zeitgeschichte verhalten, wie sie ihre eigentümlichen Worte sagen, als hätte die niemand vorher aufs Papier geschrieben. „Manchmal", erinnert sich Reitz, „genoss ich es, die Protagonisten zu filmen, wie sie sich gedankenlos gegenseitig anblickten."[6]

---

[6] Zitiert nach Notizen des Autors aus Gesprächen mit Edgar Reitz.

Der Lauf der Zeit ist das große Thema von HEIMAT. Für Reitz, der schon lange über die Zeit nachgedacht hatte – schon einer seiner ersten Kurzfilme, ein Industriefilm, ging über die Erfassung von Zeit –, ist sie immer noch ein Mysterium. Den Film sieht er als Möglichkeit, Zeit zu speichern, sie zu raffen, zu beschleunigen, ja sogar umzukehren. Dass wir nur *eine* Lebenszeit haben ist banal, aber in HEIMAT wird uns das immer wieder schmerzlich klar. Nämlich, wenn wir sehen, wie Personen auf der Leinwand ewig nach ihrem Glück suchen – etwa Lucie und Eduard, Maria und Otto, Hermann und Klärchen. Kein Wunder, dass die Grundstimmung von HEIMAT so oft zwischen Melancholie und Galgenhumor schwankt.

Beim Erzählen, das entdeckte Reitz während seiner Arbeit an HEIMAT, betritt man eine Parallelwelt, in der man kaum einer Versuchung widerstehen muss, in der man seiner Erzählleidenschaft grenzenlose Räume öffnen kann – ohne Angst vor dramaturgischem Scheitern oder dass man Kritiker von etwas überzeugen muss. Von seinen literarischen Vorbildern lernt er, dass der Erzähler ein Schelm sein darf. Er darf lügen, er darf Wahrheiten sagen, darf übertreiben, verkürzen, spielen, spekulieren, darf so lange hinschauen, bis er lachen muss. Ihm genügt die Wahrheit nicht. Er kann sich Wünsche erfüllen, er kann sogar über den Tod hinaus erzählen, er kann beschreiben, wie es im Himmel zugeht – zum Beispiel, so die letzte Episode von HEIMAT, auf dem „Fest der Lebenden und der Toten" in Schabbach.

Von „Made in Germany" zu „Heimat"

Die einzelnen Filme von HEIMAT sind unterschiedlich lang, so wie es die Figuren verlangt haben, sagt Reitz. 119, 93, 58, 138 oder 100 Minuten. Die Fernsehfassung hat 931 Minuten, die Kinofassung 887.

Noch in der Zeit der Endfertigung heiß das Projekt „Made in Germany". Im Februar 1983 habe ich damals als Redakteur der Medienzeitschrift „medium" ein längeres Gespräch von Frauke Liesenborghs mit Edgar Reitz veröffentlicht, Titel: „… die Nähe zu den Menschen nicht einbüßen"[7]. Zum damaligen Zeitpunkt gab es eine 19stündige Rohfassung und noch den Titel „Made in Germany". Dieser Titel stand auch auf dem Felsblock, der am Anfang zu sehen ist und über den die Wolken ziehen, während die Filmcredits laufen. Wir waren einige Leute, die den – damals sehr verunsicherten Edgar Reitz – darin bestärkten bzw. überredeten, es zu wagen, seinen Film doch HEIMAT zu nennen. Dieser Begriff war damals unter Linken und Intellektuellen ein ziemliches Tabu. Heimat, das war damals für die einen das Paradox der Hoffnungsphilosophie von Ernst Bloch und für die anderen ein Film mit Zarah Leander aus der Nazi-Zeit. „Heimat", von Carl Froelich aus dem Jahr 1938, mit Zarah, Heinrich George und Paul Hörbiger läuft bei Reitz einmal im Kino, in Filmteil 4.

In seinem Buch „Liebe zum Kino" schreibt Reitz: „Es gibt in unserer deutschen Kultur kaum ein ambivalenteres Gefühl, kaum eine schlimmere Mischung von Glück und Brutalität als die Erfahrung, die hinter dem Wort ‚Heimat' steht."[8]

Im „Deutschen Allgemeinen Sonntagsblatt" wurde damals vermutet, Reitz sei sich der Problematik des Wortes „Heimat" nicht bewusst gewesen. Elke Heidenreich mokierte sich auch an dem Wort und beschrieb den Film in „Die Zeit" als „ein zum Ereignis emporgejubeltes Mittelmaß"[9].

Oder doch lieber ‚Geheischnis'?

In Wirklichkeit steckt ein unvorstellbares Maß an Arbeit und skrupulöser Auseinandersetzung in dem Werk. Begonnen hatte es im heftigen Winter 1978/79, als ganz Schleswig-Holstein so tief im Schnee versank, dass nur die Bundeswehr die Verbindung zu manchen Ortschaften

---

[7] Frauke Liesenborghs: „… die Nähe zu den Menschen nicht einbüßen" Ein Interview mit Edgar Reitz zu seiner Fernsehserie „Made in Germany", medium, Zeitschrift für Hörfunk, Fernsehen, Film, Presse, Frankfurt 1983, Heft 2 + 3, S. 56-59.

[8] Edgar Reitz (1978): *Liebe zum Kino,* zitiert nach Karsten Witte, *Die Zeit,* 13.07.1984: http://www.zeit.de/1984/29/niemand-sucht-nach-der-verlorenen-heimat.

[9] *Die Zeit*, 16.11.1984, „Was hat Edgar denn?" http://www.zeit.de/1984/47/was-hat-edgar-denn.

frei räumen konnte. Reitz, völlig pleite, hielt sich damals im Haus von Freunden auf Sylt auf, hatte unendlich viel Zeit, über sein Fiasko mit und nach dem „Schneider von Ulm" und sein Leben überhaupt nachzudenken.

> „Ich fragte mich: Warum bin ich, ausgerechnet ich, Enkel eines Hunsrücker Bauern, Sohn eines Hunsrücker Handwerkers, nicht in der Heimat geblieben, sondern hinaus in die Fremde gezogen und habe diesen Beruf als Filmemacher ergriffen, der mir immer wieder nur Unglück bringt? Das war mir doch nicht in die Wiege gelegt. Ich begab mich tiefer und tiefer in die Geschichte meiner Familie hinein, als müsste ich bis zum Ursprung meines Unglücks vorstoßen, und irgendwann begann ich, das alles aufzuschreiben. Ich schrieb und schrieb dort auf Sylt und konnte nicht mehr aufhören, während es draußen schneite und schneite."[10]

Auf den Berliner Filmfestspielen traf er einen alten Freund vom WDR, der ihn fragte: Wie geht's denn so?, seine Antwort: „Ich habe unter meinem Elternhaus eine Ölquelle entdeckt!"[11]

Reitz hatte in der Phase der Fertigstellung von HEIMAT auch noch ein anderes Wort als Titel parat, ein Hunsrücker Dialektwort, nicht ins Hochdeutsche übersetzbar: „Geheischnis". Jeder Hunsrücker wisse, was es bedeute, meinte Reitz damals.

> „Es heißt, wenn man es umschreibt, Geborgenheit, Nestwärme, Vertrauen, also eine menschliche Umgebung, in der Vertrauen möglich ist, Zugehörigkeit. Das Wort bezeichnet etwas absolut Positives und Sehnsüchtiges. Heute kann man vielleicht nicht mehr ohne weiteres sagen, dass man es ,Geheischnis' hat. Die Fernsehgewaltigen spielten da allerdings nicht mit, sie lehnen den Titel ab. Sie sagen, das versteht keiner und führe auf eine falsche Fährte. ,Geheimnis' oder ähnliches. Ich habe ihnen entgegnet, dass die Journalisten, die es nicht verstehen, doch in den Hunsrück fahren und Interviews machen sollen über diesen Begriff. Das wäre dann eine interessante Musik um diesen Film, aber da traut man sich nicht."[12]

---

[10] Frauke Liesenborghs: „… die Nähe zu den Menschen nicht einbüßen" Ein Interview mit Edgar Reitz zu seiner Fernsehserie „Made in Germany", *medium*, Zeitschrift für Hörfunk, Fernsehen, Film, Presse, Frankfurt 1983, Heft 2 + 3, S. 56-59.

[11] ibid.

[12] ibid.

Anders als im Heimatfilm-Genre der Nachkriegsjahre aber wird der Begriff „Heimat" bei Edgar Reitz nicht verkitscht, verfälscht und ins Märchenhafte entrückt, sondern er erscheint realistisch. Gleichwohl verklärt auch Reitz Heimat --- da haben wir beide uns wieder und wieder gestritten, weil er als Kleinstädter das Dorf meines Erachtens zu sehr verklärt. Er verklärt insofern, als er Heimat zu jenem Ort macht, dem keiner entrinnen kann, sondern romantisch-emotional verbunden bleibt, auch wenn er ihm – wie etwa Paul oder Hermann – zu entfliehen versucht. Das wird durch zahlreiche Mittel immer wieder betont, auch z. B. durch das in voller Länge aufgeführte Lied Robert Schumanns „In der Fremde" op. 39/1 nach einem Gedicht von Joseph von Eichendorff (*„Aus der Heimat hinter den Blitzen rot / Da kommen die Wolken her, / Aber Vater und Mutter sind lange tot, / Es kennt mich dort keiner mehr ...* ").

Im Umkehrschluss würde das allerdings bedeuten, dass heimatlose Individuen, die es ja auch gibt, keine Chance auf Schicksal haben. Weil dies nicht so ist, ließ Reitz seiner Heimat die Sequenz *Die zweite Heimat* folgen, worin er zeigt, dass Heimat auch gleichsam sekundär geschaffen werden kann. Im Münchner „Fuchsbau" entsteht in dieser *HEIMAT 2* ein zusammengehöriges Kollektiv nicht als eine Gruppe Blutsverwandter, sondern als eine Gruppe intellektuell Verwandter in einer kulturellen Avantgarde. Eine Familie der anderen Art also, die eine größte denkbare Gegenposition einnimmt zur archaischen Dorffamilie.

In *HEIMAT 3* kommt es schließlich zu einer Art Synthese zwischen der genetisch-lokalen und der intellektuell-weltweiten Heimat. Das so genannte Günderodehaus in Oberwesel, in der Nachbarschaft der Loreley, verschmilzt am Ende die Schabbacher Dorfschmiede mit dem Münchner Fuchsbau zu einer Art endgültiger Zuflucht der in besonderer Weise gleichartigen Zeitgenossen. Der letzte, der 30. Film der HEIMAT-Trilogie, nennt dies „Abschied von Schabbach". Edgar Reitz sagt selbst dazu: „In der globalisierten Welt von heute ist Heimat kein Ortsbegriff mehr, sondern ein Zeitbegriff."

Ein besonders auffälliges Gestaltungsmittel ist der ständige Wechsel zwischen Schwarz-Weiß- und Farbfilm, der natürlich eine umfangreiche Deutungs-Diskussion entfacht hat. Die Wirklichkeit ist banaler, es war oft spontan und emotional, wie Reitz und sein Kameramann Gernot Roll das Filmmaterial wählten. Klar aber zum Beispiel, dass der Funkenflug bei der Schmiedearbeit nur in Farbe gezeigt werden kann. In HEIMAT überwiegt klar der Schwarz-Weiß-Anteil, in HEIMAT 2 halten sich Schwarz-Weiß- und Farbfilm ungefähr die Waage, in HEIMAT 3 überwiegt Farbe. Auch die Musikalität der deutschen Mundarten wird bei Reitz immer wieder authentisch eingesetzt. Neben dem Hunsrücker Platt hört man authentisches Schwäbisch, Bairisch, Ostpreußisch, Berlinerisch, Hamburgisch, Sächsisch, Fränkisch, Westfälisch und auch Deutsch mit ausländischem Akzent (Ungarisch, Russisch, Spanisch, Französisch).

Edgar Reitz war nicht nur der erste, der es mit HEIMAT wagte, ein Sujet zu verfilmen, welches durch die Blut- und Boden-Ideologie der Nazis für immer besetzt und vergiftet schien, er schuf auch eine völlig neue Erzählweise: keine konventionelle Kino- oder Fernsehdramaturgie, keine bekannten Schauspieler, kein glattes Hochdeutsch, keine falsche Kulissen, stattdessen wurde vor Ort gedreht, möglichst authentisch, möglichst präzise. Man hört viel Dialekt. Das ist fast schockierend, weil unser Fernsehen sonst so sehr davon gereinigt ist. Wichtige Rollen wurden von Reitz mit Laiendarstellern aus der Gegend besetzt, die ihren Dialekt sprechen: Hunsrücker Platt.

Jetzt ist es Zeit, das einmal zu hören. Legen Sie sich die DVD ein. Zum Beispiel Kapitel 1 von „Heimat – Eine deutsche Chronik". Es beginnt am 9. Mai 1919. Paul Simon kommt aus dem 1. Weltkrieg zurück. Sechs Tage ist er aus Frankreich in den Hunsrück gelaufen. Zu Fuß kommt er in Schabbach an. Was gerade noch ein Sehnsuchtsort war, steht jetzt real vor ihm: die Kirche, das Spritzenhaus, die Dorflinde … Er steht in der Schmiede, er nimmt den Hammer auf, er lässt ihn auf den Amboss sausen, der Klang hallt durchs Dorf, auch bis zum Friedhof, wo seine Mutter gerade das Familiengrab pflegt. „Der Paul ist daheim", sagt sie im Hunsrücker Dialekt zu sich selbst …

Heimat ist da, wo man sich nicht erklären muss.

Das „Heimat"-Gesamtwerk in einer Schnellansicht:

Prolog: Geschichten aus den Hunsrückdörfern (1981)
Heimat – Eine deutsche Chronik (1984)
Die zweite Heimat – Chronik einer Jugend (1992)
Heimat 3 – Chronik einer Zeitenwende (2004)
Epilog: Heimat-Fragmente – Die Frauen (2006)
Die andere Heimat (2012)

Die insgesamt 31 Einzelepisoden mit mehr als 50-stündiger Gesamt-spieldauer sind nicht als TV-Serie gedacht, auch wenn sie im Fernsehen gezeigt und darum oft so verstanden wurden, sondern als drei abendfül-lende Kinofilme; nur zu Beginn des Projekts gab es auch kürzere Ein-zelfilme unterhalb der Standard-Länge von 90 Minuten. Deshalb sollte von den drei Reihen auch nicht als von ‚Staffeln' gesprochen werden, wie sich das bei TV-Serien eingebürgert hat.

Die Begebenheiten der Filme, auch der Folgereihen *Die zweite Hei-mat* und *Heimat 3*, beruhen zu einem gewissen Teil auf tatsächlichen Ereignissen. Edgar Reitz, der selbst aus dem Hunsrück stammt, und sein Co-Autor Peter Steinbach haben vieles aus alten Tageszeitungen, eigenen Lebenserinnerungen und aus den Erzählungen der Dorfbewoh-ner zusammengetragen und es mit dem fiktionalen Gesamtwerk verwo-ben, das so auch dokumentarische Züge aufweist.

Es entstand so ein Mischformat aus Erzählung und Dokumentation, angefangen hat es mit der Vorarbeit „Geschichten aus den Hunsrück-dörfern" (Herbst 1980), die ein unverfälschtes und authentisches Bild der Hunsrücker und ihrer Lebensweise zu zeichnen versuchten.

Im Programmheft „NEUE DEUTSCHE FILME" der 32. Internationa-len Filmfestspiele von Berlin 1982 wird zur Vorstellung des Films aus einem Brief von Edgar Reitz an Ulrich Gregor, den damaligen Direktor, zitiert:

> „Mir ist klar, daß gerade dieser Film es schwer haben wird, sich beim
> Publikum Aufmerksamkeit zu verschaffen … Der Film wendet sich an
> Menschen, die bereit sind, sich den Bildern anzuvertrauen und in ihre
> Seele Ruhe einkehren zu lassen. Inhaltlich befasst sich der Film mit

meiner Heimat und den Menschen, die ich als Junge verlassen habe, um in den Städten das Filmemachen zu erlernen. Sie werden merken, daß in dieser Heimat alle Motive vorkommen, die ich in meinem Filmen seit fast 20 Jahren behandle. Insofern ist der Film ein Schlüssel zu meinem Werk und er zeigt auch im Verhältnis zu den Bildern und den Menschen meine Einstellung zu unserem Metier. Dies ist ein Lieblingskind von mir, und ich bitte Sie, glimpflich damit umzugehen."

Carsten Jensen
Heimatlosigkeit

Der Begriff Heimat hat im Dänischen keinen düsteren Klang. Es gibt sogar eine Art Heimatliteratur, die aber vermutlich nur von Literaturhistorikern gelesen wird – es sind Autoren wie Jeppe Aakjær und Johan Skjoldborg. Erstaunlicherweise prangern diese Schriftsteller aber soziale Missstände an und schildern Heimat als einen verrohten und brutalen Ort, in dem Aufbruch als Befreiung erscheint.

In Deutschland hat der Begriff Heimat einen ganz anderen, düsteren Klang. Untrennbar ist er mit der rassistischen Verehrung von Blut und Boden durch den Nationalsozialismus verbunden, seither ist das Wort kompromittiert. Wurzellosigkeit war eine menschliche Bürde, Verwurzelung die Voraussetzung aller wahren Menschlichkeit, und *Heimatlosigkeit* ist ein sperriges Wort, das nur auf Deutsch einen Sinn zu ergeben scheint – ein Fluch. Erst viele Jahre später können wir wieder mit einer gewissen Unbefangenheit mit diesen Worten umgehen.

Der deutsche Soziologe Ulrich Beck behauptete in seinem optimistischen Buch *Der kosmopolitische Blick* aus dem Jahr 2005, dass der Begriff „Heimatlosigkeit" endlich seinen düsteren Klang verloren habe. Wir alle seien auf die eine oder andere Weise zu Bürgern der globalen Welt geworden.

Hatte Ulrich Beck recht? Ja und nein. Wir sind, ob wir es wollen oder nicht, tatsächlich zu Bürgern des Globalen geworden. In einer globalisierten Welt hat es keinen Sinn mehr, zwischen der Innen- und Außenpolitik einer Nation zu unterscheiden. Außenpolitik ist Innenpolitik und umgekehrt. Also ja, Ulrich Beck hatte recht. Und nein, er hatte nicht recht.

Seine Definition von Heimat, die wir so leichtherzig für eine globale Bürgerschaft aufgegeben haben sollen, ist falsch. Wir haben uns nicht von irgendeiner unberührten Dorf-Idylle mit Kühen und grünen Wiesen getrennt. An diese Idylle glauben nicht einmal mehr die Produzenten von Postkarten. Die wirkliche Heimat für die Europäer von heute ist der Wohlfahrtsstaat.

Erstattet man die Dorf-Idylle durch den Wohlfahrtsstaat, bekommt der Begriff „Heimatlosigkeit" sofort wieder den drohenden Klang einer apokalyptischen Vorsehung. Ein Leben ohne Wohlfahrtsstaat ist der wahre Albtraum der Europäer. Der Wohlfahrtsstaat ist der dauerhafte Beitrag Europas zum 20. Jahrhundert. Die Technokraten sind gerade dabei, es zu vergessen. Doch die Menschen erinnern sich daran. Und genau darum geht es bei den populistischen Protesten.

Dass Deutschland plötzlich ein Heimatministerium bekommen hat, ist ein Zugeständnis an diese populistischen Strömungen. Die Aufgabe des Ministeriums ist die Landesentwicklung, die wahre Funktion jedoch ist symbolisch, und als Symbol ist es selbstreferentiell. Das Ministerium selbst ist die Heimat, nicht ein fernes Dorf in einer unberührten Landschaft.

Eiszeit in Europa

Der Angriff auf den Wohlfahrtsstaat begann vor langer Zeit. Margaret Thatcher, die 1979 Großbritanniens konservative Premierministerin wurde, fing damit an, als sie erklärte, „so etwas wie Gesellschaft gibt es nicht". Ihrer Ansicht nach existiert eine gemeinsame Verantwortung oder gegenseitige Fürsorge über die Klassen und gesellschaftlichen Gruppen hinweg nicht. Es gibt nur den freien Markt, der aus menschlicher Sicht am ehesten an eine vom Sturm verwehte Eisscholle erinnert, die mit unbekanntem Ziel in den Meeresströmungen treibt. Mit Margaret Thatcher beginnt die Eiszeit in der europäischen Politik.

Margaret Thatcher gab ihre mit Nägeln beschlagene Stafette an die unterschiedlichsten politische Parteien und Strömungen weiter, bis alle – auch die Sozialdemokraten – sich hinter der umhertreibenden Eisscholle der Marktideologie versammelt hatten, und Begriffe wie Privatisierung, Outsourcing und Auslagerung zu Synonymen für Realismus wurden.

Die Finanzkrise des Jahres 2008 wird zur Kulmination einer durch das Finanzkapital angestoßenen Entwicklung, das mit einer amoklaufenden Spekulationsspirale die astronomischen Verluste der Volkswirtschaft zu verantworten hat. Die Schlussfolgerung der Katastrophe ist grotesk, da demselben Staat, der vom Bankrott bedrohten Banken mit enormen Unterstützungsgeldern zu Hilfe eilt, vorgeworfen wird, die Krise durch einem extravaganten Überkonsum verursacht zu haben. Der Staat ist sowohl der Retter als auch der bequeme Sündenbock.

Das Resultat ist die von Deutschland angeführte Austeritäts-Politik, deren Ziel dramatische Einsparungen und Einschränkungen der staatlichen Aktivität sind. Ein anderes Wort für denselben Vorgang ist die sogenannte Politik der Notwendigkeit, während der Wohlfahrtsstaat, der seine Rolle nun offiziell ausgespielt hat, in Konkurrenzstaat umbenannt wird.

Von den Toten auferstanden

Das Wunder geschieht im Sommer 2015. Die christliche Wiederauferstehungstradition wird neu belebt, und Europa erlebt einen säkularen Ostermorgen, als der tote Wohlfahrtsstaat aus der Erde gezerrt wird, und dieselben Leichenbestatter, die ihn gerade begraben haben, ihm das Totenhemd abbürsten. Der Begriff Konkurrenzstaat wird aus den Wörterbüchern gestrichen, der Wohlfahrtsstaat wird in all seiner Herrlichkeit wieder eingesetzt – allerdings nur rhetorisch und nicht in den Staatshaushalten.

Als Institution der Fürsorge, der Gemeinschaft und der sozialen Gerechtigkeit hat der Wohlfahrtsstaat seine Rolle tatsächlich ausgespielt. Dafür wird ihm nun eine neue Rolle zuteil. Sein Leben ist bedroht. Wenn Europa seine Grenzen für all die Flüchtlinge öffnet, die nun auf den Kontinent strömen, wird der Wohlfahrtsstaat zusammenbrechen, heißt es in kakophonischer Verwirrung bei den achtundzwanzig Nationen, die in dem fatalen Flüchtlingssommer die Europäische Union bilden.

Jahrelang haben sie dem Wohlfahrtsstaat die Totenmesse gelesen. Nun präsentieren sie sich als dessen letzte Verteidiger gegen die anströmenden Flüchtlingshorden, die sich mit ihren Schmarotzerinstinkten auf einem historischen Plünderungszug durch Europa befinden.

Von seiner Grundidee her ist der Wohlfahrtsstaat Ausdruck einer Vorstellung von Gerechtigkeit, die alle Bevölkerungsschichten betrifft.

Die Gleichheit aller Menschen ist sein oberstes Gebot. Der künstlich wiederbelebte Wohlfahrtsstaat, der nun ein Festtagskleid bekommt, das sich von seinem Totenhemd kaum unterscheidet, ist jedoch nicht für alle da, sondern nur für einige. Es ist der Wohlfahrtsstaat der Dänen oder der Deutschen, nicht nur, weil sie ihn aufgebaut haben, sondern auch, weil er exklusiv für sie erdacht wurde. Es ist nicht bloß eine nationale Konstruktion, sondern eine nationalistische.

Der ethnische Wohlfahrtsstaat: Eine historisch betrachtet ganz neue Institution, dessen Aufgabe es nicht ist, seine Türen zu öffnen, sondern zu verschließen. Der Wohlfahrtsstaat wird zu einer Festung, deren Zugbrücke hochgezogen ist.

Dies ist der große Augenblick des Populismus. Zwar reden Populisten nicht viel über den Wohlfahrtsstaat. Und doch feiern sie ihn indirekt, indem sie ständig von seinen Feinden sprechen.

Während der Wohlfahrtsstaat seine Popularität bewahrt, ist dies bei seinen Begründern, den Arbeiterparteien, nicht der Fall. Kompromittiert durch ihren leichtsinnigen Umgang mit der Politik der Notwendigkeit und der Schwärmerei für Privatisierungen, sind sie ihn den meisten europäischen Ländern dem Zusammenbruch nahe.

Was suchen Flüchtlinge?

Was suchen Flüchtlinge? Was treibt sie an? Wegkommen oder ankommen? Sind sie Experten für den Wohlfahrtsstaat, die ihr Leben aufs Spiel setzen, um lebenslange Sozialhilfeempfänger in einer großen bürokratischen Maschinerie zu werden? Oder suchen sie nur die Abwesenheit von Krieg, Korruption und Unterdrückung? Das Europa, das wir verteidigen wollen, ist das Europa des Wohlfahrtsstaats. Das Europa, nach dem sie suchen, ist der freie Markt mit seinen Möglichkeiten. Das ist das Paradoxe an der sogenannten Flüchtlingskrise, die in Wahrheit eine politische Krise ist. Es geht nicht um den Zusammenstoß von Christentum und Islam, von religiösen und säkularen Werten. Es ist der Zusammenstoß von zwei unterschiedlichen Auffassungen von Europa – dem Kontinent der Begrenzungen gegenüber dem Kontinent der Möglichkeiten. Wir Europäer betonen unsere Begrenzungen. Die Flüchtlinge glauben an unsere Möglichkeiten.

Vielleicht ist dies die Parole der Zukunft: Europa als Kontinent der Möglichkeiten. Nicht als eine Verlängerung der neoliberalen Eiszeit, in der Europa bloß ein rund um die Uhr geöffneter Selbstbedienungsladen ohne Sicherheitspersonal ist. Und in dem Finanzspekulanten und multinationale Gesellschaften die menschlichen Ressourcen ungehindert ausplündern können, ohne etwas zurückgeben zu müssen. Sondern Europa als ein Kontinent der Möglichkeiten, wenn es zur Entstehung einer neuen Gemeinschaft kommt.

Der Kontinent der Alten

Darf ich es wagen, für einen Augenblick ein Tabu zu brechen? Irgendwann einmal waren alle einer Meinung, dass Europas großes Problem das immer höhere Durchschnittsalter seiner Bevölkerung ist. So ist es noch immer. Nur reden wir jetzt nicht mehr darüber. Stattdessen sind die Alten mit ihrer Ängstlichkeit zu einem politischer Machtfaktor geworden, sie halten es mit der Zukunft wie mit ihrem eigenen kommenden Tod: Sie wollen ihn möglichst nicht wahrhaben. In einer jungen Welt ist Europa zum Kontinent der Alten geworden.

Nordafrika und der Nahe Osten sind unsere großen Nachbarn, halbe Kontinente, in denen bis vor wenigen Jahren Hoffnung und Aufbruchsstimmung herrschte, an der wir hätten mitarbeiten können. Wir haben uns jedoch entschieden, es zu ignorieren.

Europa hat eine Schicksalsgemeinschaft mit Nordafrika und dem Nahen Osten. Es sind unsere Nachbarn. Europäische Großmächte haben sie kolonisiert. Dann haben sie sich losgerissen, oft genug mit blutigen Kriegen. Aber nach wie vor sind wir im Guten wie im Schlechten verbunden.

Die Begegnung zwischen einer jungen Generation in Nordafrika und einem alternden Europa hätte eine glückliche Begegnung werden können. Als der Nahe Osten mit der Suche nach neuen Regierungssystemen beschäftigt war, hätten wir mit unseren reichen Erfahrungen beitragen können. Was hätten wir nicht alles zusammen vollbringen können? Diese historische Chance ist nun verpasst. Unsere Nachbarkontinente sind zu autoritären Herrschaftsformen zurückgekehrt oder werden in zerstörerischen Kriegen zerrissen, für die wir die Mitverantwortung tragen.

Eine entlarvende Denkpause

Menschenrechte oder Bürgerrechte? Was ist der Unterschied? Wir sollten nachdenken, bevor wir die Frage beantworten, und vielleicht entlarvt diese Denkpause unser Problem.

Menschenrechte schützen uns vor staatlichen Übergriffen, Bürgerrechte sichern uns Einfluss auf den Staat. Bei den Menschenrechten geht es um das Recht, beschützt zu werden. Bei den Bürgerrechten um das Recht zu bestimmen. Die Menschenrechte gelten für alle, die Bürgerrechte für die Bürger einer einzigen Nation. In einem Land ohne Bürgerrechte gibt es auch keine Menschenrechte.

Aber braucht es überhaupt Menschenrechte in einem Land, in dem es Bürgerrechte gibt? Das ist die Frage, die jetzt auch in Ländern gestellt wird, die sich demokratisch nennen. Was bedeutet es, wenn eine Mehrzahl im Land dafür stimmt, die Menschenrechte zu „revidieren" oder schlichtweg abzuschaffen; wenn eine Mehrzahl sich gegen die Verpflichtung ausspricht, Menschen in Not zu helfen, die auf der Flucht aus einem Land sind, in dem Krieg herrscht?

Totalitäre Staaten wissen, wie eng Menschenrechte und Bürgerrechte miteinander verbunden sind, und wenn ein totalitärer Staat sich an der einen Art der Rechte vergreift, vergreift er sich auch an der anderen. Menschen werden willkürlichen Übergriffen ausgesetzt, gleichzeitig wird ihnen jede Form der Einflussnahme genommen. Wissen wir das auch?

Sollte es wirklich möglich sein, dass Menschenrechte und Bürgerrechte kollidieren können, dass die Bevölkerung einer Nation mit Hilfe ihrer Bürgerrechte Verfolgten und Opfern ihre Menschenrechte verweigern? Kann eine Mehrheit eine Minderheit aus dem Kreis der Menschen herauswählen? Ist das unsere traurige Schlussfolgerung aus dem Fall der Berliner Mauer, der Auflösung des südafrikanischen

Apartheidstaats und dem Rückzug der Militärdiktaturen in Südamerika, dass Menschen keinen Bedarf an Rechten mehr haben und daher auch keinen Anspruch auf unseren Schutz, wenn sie auf der Flucht sind? Ist dies das wahre Dilemma Europas nach zwei Jahrzehnten des neuen Jahrtausends: die beginnende Aufkündigung der eigenen historischen Erfahrungen unseres Kontinents?

Keine Nation existiert für sich allein

Die Europäische Menschenrechtskonvention, die Anfang der fünfziger Jahre verabschiedet wurde, entstand – wie die Ursprünge der Europäischen Union – aufgrund der Erfahrungen des Zweiten Weltkriegs. Wenn aus dem Zweiten Weltkrieg eine Lehre gezogen werden konnte, dann die, dass eine einzelne Nation einen übermächtigen totalitären Feind nicht besiegen kann. Die Lehre aus der Niederlage des Nazismus war simpel. Die Nation, die sich auf ihre Souveränität berief und darauf bestand, sich allein gegen den eindringenden Feind zur Wehr zu setzen, war preisgegeben.

Nur eine Allianz, nicht nur zwischen Nationen, sondern auch zwischen den unterschiedlichsten Lebensanschauungen und politischen Systemen – von den liberalen USA über das konservative Großbritannien bis zur kommunistischen Sowjetunion, die selbst totalitäre Züge aufwies – war imstande, den vorpreschenden Nazismus zu besiegen. Im Kampf gegen den Nationalsozialismus mussten die Nationen jeden Gedanken an Souveränität aufgeben, wenn sie überleben wollten. Nur das Land, das Soldaten in fremden Uniformen auf seinem Boden zuließ, konnte den Feind vertreiben. Nur das Land, dessen Bevölkerung bereit war zu lernen, wie die Namen der ausländischen Generäle ausgesprochen wurden, würde befreit werden.

Der Zweite Weltkrieg war kein Kampf für nationale Souveränität, sondern in erster Linie ein Kampf gegen die Verletzung sämtlicher Menschenrechte durch einen totalitären Staat. Das Verbrechen des Nazismus bestand nicht nur darin, einen ungeheuren Eroberungskrieg angezettelt zu haben, der die Machtbalance in ganz Europa verschob, sondern auch darin, dass die Nazis im Kielwasser ihrer Eroberungen mit der vollständigen Auslöschung ganzer Bevölkerungsgruppen begannen oder deren Leben auf sklavenähnliche Bedingungen reduzierten.

Lassen Sie uns folgendes Gedankenexperiment versuchen: Adolf Hitler schickt seine Armee nicht über die Grenze in irgendein fremdes Land. Die Vernichtung der Juden bleibt stattdessen ein Phänomen, das sich auf deutsches Gebiet begrenzt. Wenn die umliegenden Länder die nationale Souveränität für unantastbar halten, bleibt ihnen nur der passive Protest, wenn in den Vernichtungslagern aus den Schornsteinen der Krematorien Rauch aufsteigt. Jeder Versuch, die Juden mit etwas anderem als den kraftlosen Händen der Diplomatie zu retten, ist ausgeschlossen.

Das ist die unheimliche Lehre des Zweiten Weltkriegs: Der Respekt vor der nationalen Souveränität kann damit enden, dass ein Völkermord zugelassen wird.

Ein Übergriff auf eine abweichende Minderheit kann von der Bevölkerung durchaus tatkräftig unterstützt werden. In Polen, Rumänien und Litauen wurde die Vernichtungskampagne der deutschen Besatzungstruppen gegen die Juden von mordlüsternen Einheimischen enthusiastisch unterstützt.

Der Populismus unserer Tage hält es für demokratisch legitimiert, wenn eine parlamentarische Mehrheit diskriminierende Gesetze gegen eine ethnische Minderheit verabschiedet. In Ungarn wird die Dreiteilung der Staatsgewalt, die den Gerichten ihre Unabhängigkeit sichert, in Frage gestellt, ebenso die Meinungsfreiheit.

Ist es das Recht einer demokratischen Mehrheit, für die Abschaffung der Demokratie zu stimmen? Nur, wenn die Demokratie ausschließlich als Rechenmaschine angesehen wird und die Rechte der Menschen komplett ignoriert werden können.

Das Recht der Mehrheit zu bestimmen, muss auch heute an eine Grenze stoßen, nicht nur, wenn die Übergriffe durch einen totalitären Staat erfolgen, sondern auch, wenn eine parlamentarische Mehrheit dahinter steht. Die Menschenrechte, nicht das Stimmrecht, sind der letzte Schutz gegen die Barbarei.

Was bedeutet es, wenn starke Kräfte heute den Menschenrechten ihre universelle Gültigkeit absprechen, weil die Situation heute angeblich anders ist als nach dem Zweiten Weltkrieg? Wieso ist die Situation anders? Wann brauchen Menschen auf der Flucht keinen Schutz mehr vor Übergriffen?

Optimismus und Pessimismus

Als ich Anfang der neunziger Jahre auf eine jahrelange Reise rund um die Welt ging, fuhr ich als Pessimist los und kehrte als Optimist zurück. Mein Pessimismus lag daran, dass ich kurz zuvor im blutigen Bürgerkrieg auf dem Balkan Augenzeuge der Barbarei geworden war. Ich verlor den in der humanistischen Tradition verankerten Glauben an das grundlegend Gute im Menschen, von dem der norwegische Dichter Nordahl Grieg in „Von Feinden umringt" schreibt: Er stellt fest, dass Betrug und Täuschung der Grund für Hunger und Not sind. Nein, meine neuen Erfahrungen lehrten mich, dass es oft genug auch an Bosheit als einer aktiv treibenden Kraft im Menschen liegt.

Mein Optimismus, der in den kommenden Jahren ein Gegengewicht zu den Erfahrungen vom Balkan werden sollte, lag an den Erlebnissen, die ich auf meiner Weltreise mit Menschen hatte, die alle den ernsthaften Willen hatten, miteinander auf eine anständige Art und Weise zu leben – auch in Ländern wie Cambodia und Vietnam, die in den vergangenen Jahrzehnten von Krieg und politischen Katastrophen verwüstet worden waren. Als Fremder war ich bis zur Hilflosigkeit abhängig von dem Wohlwollen anderer, aber überall wurde ich mit demselben Gestus empfangen: Bei meinem Anblick ballte sich keine Faust zur Verteidigung. Immer wurde ich mit ausgestreckten Armen begrüßt.

Pessimismus und Optimismus. War ich näher an der Wahrheit über den Menschen, als ich Zeuge der Barbarei auf dem Balkan wurde? War mein Optimismus naive Träumerei, möglicherweise geprägt von der Stimmung der frühen neunziger Jahre, als die Berliner Mauer gerade gefallen war, und die Diktaturen überall auf dem Rückzug waren, während die Demokratien sich auf dem Vormarsch befanden? Oder schwankte ich zwischen zwei Wahrheiten, die – obwohl sie sich zu widersprechen scheinen – tatsächlich beide gültig sind, als Beweis dafür, dass der Mensch ein freies Wesen ist, das selbst wählen muss, ob es auf der Seite des Guten oder des Bösen stehen will?

Wenn Letzteres der Fall ist, scheinen wir heute dem Balkan näher zu sein als dem Fall der Berliner Mauer. Überall werden neue Mauern errichtet, autoritäre Regime breiten sich aus, und darüber hinaus kommt es zu einem Stammesdenken über die Aufteilung der Welt in ein unversöhnliches Die-oder-Wir.

Der Westen selbst hat die Demokratie mit seinen fatalen Interventionen im Irak, Afghanistan und Libyen in Misskredit gebracht. Als es wenige Tage nach Saddam Husseins Fall zu umfassenden Plünderungen in Bagdad kam und der amerikanische Verteidigungsminister Donald Rumsfeld mit einem lakonischen „Freiheit ist unordentlich" reagierte, unterschrieb er damit auch das Todesurteil seiner Mission. Wenn Demokratie ein Synonym für Chaos und Kriminalität ist, gibt es niemanden, der in Freiheit leben will. Befindet sich die Demokratie aus diesem Grund auf dem Rückzug? Oder liegt es, wie einige behaupten, daran, dass die Kulturen verschieden sind, dass nicht alle Menschen auf dieselbe Weise leben wollen?

Ich glaube nicht, dass es irgendeinen Menschen auf der Welt gibt, der abends nicht gern zu Bett gehen will, ohne Angst haben zu müssen, dass unbekannte Männern mitten in der Nacht die Tür zu seiner Wohnung eintreten. Jeder, der ruhig schlafen möchte, bis die Sonne aufgeht, tritt auch für die Menschenrechte ein. Unüberbrückbarer ist die Kluft zwischen den Kulturen auch nicht. Unterschiedlicher sind wir als Menschen nicht.

Die gewöhnlichen Tugenden

Nach einer dreijährigen Reise, die ihn zu den unterschiedlichsten Orten der Welt führte, kommt der kanadische Intellektuelle und ehemalige Vorsitzende der liberalen Partei des Landes, Michael Ignatieff, in seinem Buch *The Ordinary Virtues* zu einer ähnlichen Einschätzung.

Überall, ob in den USA, Brasilien, Bosnien, Myanmar, Japan oder Südafrika, trifft er bei den Einheimischen auf dasselbe Bewusstsein: Niemand hat das Recht, sie beiseite zu schubsen, sie zu treten oder ihnen den Mund zu verbieten. Die Vorstellung, dass sie – ganz unabhängig von ihrem sozialen Status – Rechte haben, hat überall Wurzeln geschlagen. Auf dieses Bewusstsein zielt Ignatieffs Buchtitel ab, wenn er von den „gewöhnlichen Tugenden" spricht.

Doch diese Tugenden sind lokal verwurzelt und haben offensichtliche Grenzen. Das Solidaritätsgefühl und die Hilfsbereitschaft beziehen sich nur auf diejenigen, die genau wie die Einheimischen selbst sind – nicht auf diejenigen, die ethnisch, religiös oder kulturell anders sind. Und damit sind wir mitten in Europas Dilemma: Der Feindseligkeit gegenüber Flüchtlingen.

In Ignatieffs Buch, das 2017 erschien, ohne dass das Wort Nationalismus ein einziges Mal auftaucht, findet sich eine ebenso vorsichtige wie polemische Formulierung des Dilemmas. In einem Land, das sich weigert, sich dem Strom der Flüchtlinge zu öffnen, stehen wir seiner Meinung nach einem Konflikt zwischen der demokratischen Souveränität – das heißt dem Willen der Mehrheit, die will, dass die Grenzen des Landes geschlossen bleiben – und einem moralischen Universalismus gegenüber, der von uns verlangt, Menschen in Not zu helfen, egal, woher sie kommen.

Seine Formulierung ist vorsichtig, weil er hier einer Bevölkerungsmehrheit demokratische Souveränität zugesteht, die Menschenrechte außer Acht lassen möchte. Und sie ist polemisch, weil er an mehreren Stellen in seinem Buch Menschenrechte als eine abstrakte, globale Schreibtisch-Ethik beschreibt, obwohl sie doch etwas ganz anderes sind, nämlich ein hart erkämpftes historisches Recht, das zu vergessen fatale Folgen haben kann.

Wir gehören alle zur selben Art, aber wir leben nicht alle in der gleichen moralischen Welt, behauptet Ignatieff. Wir können uns nicht über unsere Unterscheide hinwegsetzen, wenn es um Hautfarbe, Rasse, Geschichte, Geschlecht und Kultur geht. Wir leben in einer globalisierten Ökonomie, aber unsere Herzen und Sinne sind nicht globalisiert, lautet seine Schlussfolgerung.

Wenn wir also die Grenzen für Flüchtlinge öffnen, sollten wir nicht über deren Rechte als Verfolgte reden. Wir sollten stattdessen die Rolle des Aufnahmelands als Geber betonen. Das Asyl ist seiner Ansicht nach ein Geschenk, das wir den Flüchtlingen geben, kein Recht, das sie haben.

Zum Schweigen verurteilt

In seinem vorhergehenden Buch, *Fire and Ashes*, vertritt Michael Ignatieff eine andere Haltung. In diesem Buch setzt er sich mit seiner bitteren Wahlniederlage als Vorsitzender der liberalen Partei Kanadas auseinander, die später von seinem Nachfolger Justin Trudeau zu einem triumphierenden Wahlsieg geführt wurde. Ohne dezidiert die Flüchtlinge zu erwähnen, ist er der Meinung, dass es darum gehe, gegen die Kräfte zusammenzustehen, die versuchen, uns mit Andersartigkeit, Hass und Neid zu spalten.

„Es ist eine Geschichte, die uns lehrt, dass wir besser werden müssen, als wir sind." Kein Wunder, dass Ignatieff als Vorsitzender der Liberalen scheiterte. Er vertritt gewissermaßen ein pädagogisches Projekt, doch heute ist es längst akzeptierte Wählerpsychologie, die Wähler niemals zu belehren oder ihnen zu erklären, dass sie nicht gut genug sind, so wie sie sind.

Das ist die Triebkraft hinter dem Erfolg des Populismus: Immer bestätigt er seinen Wählern, dass sie genau richtig sind, so wie sie sind – nicht trotz ihrer Mängel, sondern wegen ihrer Mängel. Ihnen wird der Spiegel der Selbstbestätigung vorgehalten, nicht der erziehende Zeigefinger.

Ist das der richtige Weg, dass uns niemand an die Rechte der Flüchtlinge erinnert, sondern sich stattdessen mit dem Appell an unsere eigene Generosität begnügt? Besteht damit nicht das Risiko, dass von vornherein ein hierarchisches Verhältnis aufgebaut wird, mit uns in der Rolle der Geber und den anderen in der weitaus demütigeren Rolle der Empfänger?

Welche Gefühle erwarten wir bei denen, denen wir ein Geschenk überreichen, obwohl wir ihr oder ihm nichts schulden? Dankbarkeit, wie die Vorsitzende der dänischen Sozialdemokratie Mette Frederiksen verriet, als sie auf Twitter eine junge dänische Frau mit somalischem Hintergrund attackierte, weil sie die Ausländerpolitik der Partei angegriffen hatte: „Es sind harte Worte von einer jungen Frau, die von Dänemark gut aufgenommen wurde."

„Meine ethnische Herkunft wurde ins Spiel gebracht, und es wurde mir ziemlich deutlich erklärt, dass ich als Flüchtling dankbar zu sein habe. Und dass ich still sein und mich unkritisch verhalten solle", so Hanna Mohamed Hassan, die mit ihrer Kritik die ungeschriebenen Spielregeln für lebenslange Dankbarkeit verletzt hat, die Flüchtlinge zum Schweigen verurteilen.

Mit der Rolle des Flüchtlings als Geschenkeempfänger geht ein reduzierter Status einher. Schweigend und folgsam sollen sie Danke sagen und damit ihren Willen zur Anpassung bekunden. Das Schicksal des Geschenkeempfängers ist es, ein Außenstehender zu sein, nicht nur kulturell als Flüchtling aus einem anderen Erdteil, sondern auch, wenn es um ihr Stellung innerhalb der Demokratie geht. Es verhält sich hier wie in George Orwells Dystopie „Animal Farm": Einige sind gleicher als andere, und der Flüchtling ist kein Bürger, sondern dazu verurteilt, sein Leben lang ein Halb-Bürger zu bleiben.

Alle haben etwas zu geben

Der Wohlfahrtsstaat war nie ein Almosen-Staat, sondern ein Rechtsstaat, ein Staat der Gleichwertigkeit, ein Staat der gegenseitigen Hilfsbereitschaft. Seine ursprüngliche Idee war nicht, dass Schwäche auch eine Art Identität sein kann, sondern immer nur ein vorübergehendes, vorläufiges Stadium. Daher war der Wohlfahrtsstaat auch ein Inklusionsstaat und nicht sein Gegenteil, ein Exklusionsstaat.

Wenn die Wohlfahrt aber zur Hintertür verwiesen wird, während die Wohltätigkeit zur Vordertür eintritt, beschränkt sich der Wortschatz des Empfängers notwendigerweise auf dieses eine Wort: danke. Das ist der tiefere Sinn des inzwischen tabuisierten Begriffs Konkurrenzstaat – die Verwandlung des Wohlfahrtsstaates von einem Inklusionsstaat zu einem Exklusionsstaat. Denn die konkurrierende Gesellschaft ist eine Exklusions-Gesellschaft, keine Inklusions-Gesellschaft.

Die plötzliche, explosionsartige Verbreitung des Wortes „Verlierer" ist ein eindeutiger Beweis dafür. Der Wohlfahrtsstaat kennt keine Gewinner oder Verlierer, aber genügend Starke und vorübergehend Schwache, also eine Hierarchie, die nicht auf Dauer angelegt ist.

„Es gibt immer etwas, worin man gut ist. Man muss nur herausfinden, was das ist", sagt der Kranführer Ole in Ole Lund Kierkegaards Kinderbuch „Gummi Tarzan". Das Mobbingopfer Ivan Olsen, der als Gummi Tarzan verspottet wird, lernt schließlich, mit hocherhobenem Kopf durch die Welt zu gehen, als er herausfindet, was er gut kann.

Wir können uns selbst in der Rolle der hochmütigen Geber sehen, oder wir können uns in Gummi Tarzans Geist entscheiden, jeden Menschen als jemanden zu sehen, der etwas zu geben hat. Die zweite Lösung scheint der richtige Weg zu sein, wenn wir die wachsende Ungleichheit und *das* überwinden wollen, was wir die Flüchtlingskrise nennen.

Was können wir von Don Quichote lernen?

Können wir zusammen leben? Der Roman des spanischen Schriftsteller Miguel de Cervantes über Don Quichote wurde berühmt als ein kompromittierendes Portrait eines naiven, idealistischen Träumers, der die Zeit, in der er lebt, nicht versteht und zum Kampf gegen Riesen auszieht, wo andere nur Windmühlen sehen. Sein Widerpart ist sein treuer Knappe, der bodenständige und grundvernünftige Sancho Pansa – auch er eine komische Figur, von der aber in einem eher liebevollen Ton erzählt wird.

Irgendwann kommt Sancho Pansa in eine ähnliche Situation wie der versoffene Bauer Jeppe in Ludvig Holbergs Komödie „Jeppe vom Berge", der im Bett des Barons landet, wo er als Beispiel für die Unfähigkeit der Bauern herhalten soll, wenn es um die Führung der Gesellschaft geht. In Sancho Pansas Fall ist es ein Herzog, der ihm anbietet, Gouverneur des Inselreiches Barataria zu werden. Sancho Pansa bittet den Ritter von der traurigen Gestalt um Hilfe, der sich trotz seiner närrischen Art als ein großer Menschenkenner erweist. Pansa folgt seinen Ratschlägen genau und besteht die Prüfung sogar so gut, dass seine Erlasse seither in der Stadt unter der Bezeichnung „Die Vorschriften des großen Gouverneurs Sancho Pansa" aufbewahrt werden.

Der verbitterte Herzog, der erkennt, dass sein Plan, den Knappen zu demütigen, gescheitert ist, vertreibt ihn von seinem Posten, doch Pansa geht als der moralische Sieger, nachdem er – im Gegensatz zu Ludvig Holbergs Jeppe – bewiesen hat, dass ein gewöhnlicher Mann ein Reich durchaus gut regieren kann.

Allerdings hätte er es nicht ohne den Rat des Idealisten Don Quichote geschafft, und das ist ein Erfolg für diese seltene Kombination von Bodenhaftung und Idealismus, gewöhnlicher Volkstümlichkeit und elitärer Träumerei, die nie die Aufmerksamkeit bekommt, die sie verdient, obwohl ihre Botschaft an den Populismus unserer Zeit so deutlich ist.

Als das ungleiche Paar nach Barataria aufbricht, trifft Sancho Pansa einen alten Bekannten. Es ist ein Mann aus seinem Dorf, der aufgrund seiner maurischen, das heißt seiner muslimischen Herkunft per königlichem Dekret des Landes verwiesen wurde. Die beiden alten Freunde tauschen Geschichten über ihr Leben aus. Für den Mauren, der als deutscher Pilger verkleidet lebt, ist der Landesverweis eine Tragödie. Sein wahres Vaterland sei Spanien, erklärt er wieder und wieder. Er selbst ist, wie er es humoristisch beschreibt, überwiegend Christ und ein bisschen Moslem. Seine Frau und Tochter sind Christen, sein Schwager Moslem. Hier kann man wirklich von einer kulturell gemischten Familie sprechen, die sich irgendwann einmal in einem kulturell gemischten Land wohl gefühlt hat.

Und obwohl weder Pansa noch der Maure, königstreu wie sie beide sind, den Beschluss des Königs kritisieren, ist die Schilderung der Vertreibung an sich schon eine Kritik. Der Kultur- und Religionskrieg wird von oben angeordnet, doch im Dorf wurde geweint, als die ausgewiesenen Mauren den Ort verlassen mussten und viele Dorfbewohner anboten, sie zu verstecken.

Was war Cervantes' Motiv für diese sympathisierende Schilderung des Schicksals der unglücklichen Mauren? Cervantes hatte an der Schlacht bei Lepanto teilgenommen, wo das Osmanische Reich in seinem Versuch aufgehalten wurde, Europa zu erobern. In der Schlacht wurde er mehrfach verwundet und verlor die Bewegungsfähigkeit einer Hand. Dann verschleppten ihn Piraten aus Algerien, und er musste fünf Jahre unter erbärmlichsten Umständen als Sklave leben, bevor er freigekauft wurde. Cervantes hatte also überhaupt keinen Grund, dem Islam oder den Muslimen gegenüber freundlich gesonnen zu sein. Dennoch überwand er seinen Widerwillen und entwickelte Sympathie für die Moslems, als sie Verfolgungen ausgesetzt waren – ebenso wie er, zumindest in Ansätzen, ein harmonisches Zusammenleben zwischen Islam und Christentum skizzierte.

Das alles passiert in einem Roman, der 1605 erschienen ist. Zwischen Miguel Cervantes und uns liegen einerseits die Zeit der Aufklärung mit ihrer Botschaft von Humanismus und Toleranz, und andererseits das Zwanzigste Jahrhundert, in dem infame Kräfte die Dämonie des Zusammenstoßes der Kulturen ausleben durften. Und in der ganzen Zeit haben wir tatsächlich nichts gelernt und waren nicht in der Lage, uns auf das gleiche Niveau zu erheben, wie ein Roman, der vor vierhundertdreizehn Jahren von einem Kriegsveteran aus dem Krieg gegen den Islam geschrieben wurde?

Wer zur Klimaveränderung schweigt ...

Jede Diskussion über Globalisierung, Ökonomie, Flüchtlinge und Populismus, die die Klimaveränderungen nicht mit einbezieht, ist Eskapismus. Die gilt auch für Diskussionen über die Zukunft Europas.

Am Ende dieses Jahrhunderts wird der Nahe Osten aufgrund des Temperaturanstiegs unbewohnbar sein, halb Afrika wird auf der Wanderung nach Norden sein. Und wenn wir nicht wollen, dass Europa im Einundzwanzigsten Jahrhundert die Rolle als Schmelztiegel und Kontinent der kulturellen Vermischung übernimmt, die Amerika im Neunzehnten Jahrhundert innehatte, dann wird das Mittelmeer den Schauplatz für einen auf der historischen Skala noch nie zuvor gesehenen Massentod.

Der Golfstrom wird allmählich schwächer, und würde er aufhören zu fließen, würde auch Nordeuropa nicht mehr sicher sein, sondern von einer Eis-Apokalypse betroffen werden, die auch die privilegierten Skandinavier zwingen würde, sich der astronomisch wachsenden Zahl der Klima-Flüchtlinge anzuschließen.

Die Katastrophe ist unsere Chance

Ulrich Beck schrieb in seinem letzten, posthum herausgegebenen Buch „The Metamorphosis of the World", dass wir in einer Phase leben, die er eine Metamorphose nennt. Eine Metamorphose ist etwas Anderes und Größeres als bloß eine Veränderung, denn in einer Veränderung verfügen wir noch immer über Werkzeuge, die es uns gestatten, das Geschehen zu verstehen und zu benennen. Wir verfügen über Begriffe, Ideen und Worte, die uns eine scheinbare Kontrolle geben, und vor allem eine Idee, wo das Ganze hingeht, und was wir damit wollen. In der Gewalt einer Metamorphose sind wir wort- und begriffslos.

Es ist durchaus möglich, dass wir uns auf dem Weg zu einer namenlosen Katastrophe befinden – unsere wie immer verspäteten Reaktionen auf die Klimaveränderungen könnten darauf hindeuten. Wir müssen neue Worte und Begriffe finden, wenn wir die Welt verstehen und auch nur ein Minimum an Einfluss auf unser zukünftiges Schicksal behalten wollen.

Wir müssen uns selbst und die Idee unseres Daseins auf diesem Planeten neu erfinden. Die Katastrophe, sagt Ulrich Beck, ist die große Chance, uns von den Weltbildern und gesellschaftlichen Formen zu befreien, die uns an den Rand des Zusammenbruchs geführt haben. Wir haben die Chance, etwas entscheidend Neues zu denken und zu schaffen.

Wenn wir die Fragen nach Krieg, Flüchtlingskrise und Klimaveränderungen hören, ist unsere instinktive Reaktion, uns in einer populistischen oder nationalistischen Flucht vor der Wirklichkeit aus der Welt abzumelden. Stattdessen sollten wir uns der Welt mit Vorschlägen zuwenden, wie alles anders sein könnte. Gewinnt der Populismus, sind wir alle die Verlierer. Die Probleme, mit denen wir konfrontiert sind,

sind so groß, dass sie sich nur lösen lassen, wenn wir alle zusammenstehen, über Kontinente, Religionen, ethnische Hintergründe und politische Haltungen hinweg.

Die Klimaveränderungen schenken uns die Möglichkeit, eine ganz neue Sprache zu finden und auf eine ganze andere Weise zu leben. Wir müssen wie nie zuvor in unserer Geschichte kreativ sein. Wir müssen ein ungeschriebenes Grundgesetz der Geschichte brechen. Betrachten wir die Geschichte der Stämme, der Nationen, der Kriege und der Feindschaften: Es scheint, als ob wir wissen, erst wirklich wissen, wer wir sind, wenn wir einem Gegner gegenüberstehen.

Doch das Der-oder-Wir-Denken ist jetzt das Rezept für unseren Untergang. Wir müssen gemeinsam zu einer neuen Gemeinschaft über alle Grenzen hinweg finden. Oder das Haus, in dem wir wohnen, stürzt bei dem Erdbeben zusammen, das die Klimaveränderungen für alles sein werden, woran wir geglaubt haben und was wir über die Bedingungen des Lebens wussten.

Wir müssen in einem großen Maßstab denken. Wir dürfen uns nicht damit begnügen, nur für uns persönlich fantasievoll zu sein, wir müssen es für die Menschheit sein. Es geht nicht nur um unser Überleben als Art, es geht auch um das Schaffen einer Gesellschaft, die anziehender und menschlicher ist als die gegenwärtige. Der Kampf ums Überleben darf nicht in einem Kampf jeder gegen jeden enden.

Wenn die Gefahr am größten ist, müssen es die Träume auch sein. Unsere gemeinsame Reise muss zu den Sternen führen. Nicht zu denen, die unerbittlich am Himmelszelt blinken, unerreichbare Lichtjahre entfernt, sondern zu denen, die wir selbst entzündet haben.

Ist Optimismus Pflicht?

„Pessimismus des Verstandes – Optimismus des Willens." Das Zitat stammt von Antonio Gramsci, dem Gründer der kommunistischen Partei Italiens. Ein brillanter Denker, dessen Unabhängigkeit vom Stalinismus seiner Zeit an der Tragödie lag, dass er elf Jahre lang in einer der

Gefängniszellen von Benito Mussolini in totaler Isolation verbrachte, bevor sein ohnehin geschwächter Körper aufgab.

Ich hatte immer das Gefühl, dass Pessimismus die klare Sicht verstärkt und daher intellektuell anziehend ist, doch umgekehrt kann Pessimismus auch der Schwarzseherei Nahrung liefern – dem resignierenden Gefühl, dass es ohnehin keinen Sinn hat, zu denken oder zu handeln.

Und Optimismus? Der Optimismus des Willens? Reicht es zu wollen, ohne zu denken und einen klaren Blick zu haben? Oder gibt es eine mögliche Allianz zwischen dem Willen und dem Intellekt, dem Optimismus und dem Pessimismus, die diesen immer fatalen Entweder-Oder-Gedanken aufhebt?

Als ich mit Mitte vierzig Vater wurde, spürte ich, dass Optimismus zu einer moralische Pflicht wurde. Wenn ich nicht an eine Zukunft glauben würde, in der es wert ist, zu leben, auch nach meinem eigenen Tod, hatte ich kein Recht, Kinder in die Welt zu setzen. Dann könnte ich das eigene Kind auch auf die Straße setzen und es dem Gesetz der Straße überlassen.

Allerding muss Optimismus nicht zu einem naiven Vertrauen führen, dass die Dinge sich schon irgendwie regeln werden. Optimismus erfordert Willen, auch den Willen zu handeln, und so kann der Pessimismus mit seiner nüchternen Klarsicht zu einem wichtigen Alliierten werden.

Viele von uns sind Eltern oder Großeltern, und diejenigen unter uns, die es nicht sind, sind Teil eines Netzwerks, in dem Kinder eine Rolle spielen. Alles, was von uns gefordert wird, ist die bereits bekannte Übung, einen Schritt beiseite zu treten und einzusehen, dass das Leben durch die Kinder und Enkelkinder weitergeht, auch wenn wir nicht mehr hier sind. Die Kinder sind auf einer Reise jenseits eines Horizonts, den wir niemals mehr überqueren werden, doch ihre Reise beginnt mit uns, und die Fortsetzung dieser Reise ist ebenfalls abhängig von unseren Entscheidungen und Handlungen.

Jedes Kind weiß, dass das Happy Ending im Märchen nie sofort kommt, sondern erst nach vielen Unannehmlichkeiten. Es ist nichts Abstraktes, den Blick auf den Horizont zu richten, egal ob er zehn, zwanzig oder fünfzig Jahre entfernt liegt. Unsere Kinder werden in diesem

Horizont leben. Woran wir als ferne Zukunft denken, wird ihr Alltag sein.

Alle, die Kinder haben, sind von Natur aus weitsichtig. Nur schlechte Eltern, Werbefachleute und Kommunikationsratgeber leben im Augenblick. Doch genau *das* riskieren wir für unsere Kinder, für unsere Enkel und für den Planeten zu werden: schlechte Eltern.

Die Liebe ist zu einem ethischen Imperativ geworden, und es gibt keine psychologischen Entschuldigungen für das Versagen, wenn die Zukunft des Planeten auf dem Spiel steht. Wir müssen nach vorn blicken, nicht im Namen eines verkommenen Fortschritts, nicht im Namen einer Wachstumsdogmatik, sondern aus Fürsorge für die kommenden Generationen, im Namen unserer Kinder und Enkelkinder.

Aus dem Dänischen von Ulrich Sonnenberg

Dieser Beitrag wurde zuerst auf der Internetseite *culturmag.de* veröffentlicht (CULTURMAG 8/2018). Wir bedanken uns bei Carsten Jensen und bei Thomas Wörtche (CULTURMAG) für die Erlaubnis, diesen Aufsatz abzudrucken.

Markus Pohlmeyer
Thomas Mann und *Joseph*: im Exil – Variationen zu Sprache als Heimat

Thomas Manns biographisch-räumliches Exil[1] seit 1933 verbindet sich mit dem Anliegen, eine deutsche Kulturtradition vor den Barbaren *zuhause* zu retten und einen mythopoetischen Gegenentwurf durch die Variation einer (biblischen) Geschichte über einen anderen Exilierten zu erschaffen, und zwar mit den *Joseph*-Romanen[2]. Im Folgenden war es mir vor allem wichtig, der Stimme Thomas Manns den Vorrang zu lassen; darum auch längere Zitate, die nur einen kleinen Einblick in das umfangreiche Schaffen seiner Exilzeit geben können. In der Tat handelt es sich in mehrfacher Hinsicht um einen *Autor zwischen Welten*[3]. In der *Joseph*-Tetralogie – ausgehend von der Erfahrung des Verstoßen- und Ausgeliefertseins (*Joseph wird von seinen Brüdern verkauft und für tot erklärt!*) und der Notwendigkeit eines Sich-Aneignen-Müssens der ägyptischen Kultur und ihrer Sprache – entsteht ein Mit- und In-einander von Joseph/*Israel* und Ägypten/*Pharao*: hin zu einem neuen

---

[1] „Der Exodus von weit über 2000 im weiteren Sinn literarisch Tätigen aus Deutschland, darunter die meisten international renommierten Autoren, beginnt mit den Verfolgungen nach dem Reichstagsbrand (27.2.1933). Das Exil versetzt die geflohenen Schriftsteller in eine zwiespältige Situation. Einerseits macht ihnen der Verlust des Publikums und vor allem der eigentlichen sprachlichen Lebenswelt zu schaffen, den Döblin einer ‚Amputation‘ gleichsetzt. Andererseits verstehen sie das Exil als einen politisch-literarischen Auftrag, den sie jedoch unterschiedlich interpretieren." B. Spies: Exilliteratur, in: Reallexikon der deutschen Literaturwissenschaft, hg. v. K. Weimar, Bd. I, Berlin 2007, 537-541, hier 538. Vgl. dazu die Situation von Thomas Mann: „Tatsächlich trennte ihn einiges von der Emigration. Er war nie arm – der Nobelpreis von 1929 war zum Teil im Ausland angelegt worden. Er hatte im Gegensatz zu den meisten anderen deutschen Emigranten ein internationales Publikum, das ihm auch dann noch Honorare einbrachte, als ihm die deutschen Publikationsmedien verlorengegangen waren […]." H. Kurzke: Thomas Mann. Epoche – Werk – Wirkung, 4. Aufl., München 2010, 36.

[2] Siehe dazu Markus Pohlmeyer: „Er war nicht das Gute, sondern das Ganze." – Transtextuelle Lektüre von Thomas Manns *Joseph*-Roman, in: Literatur in Wissenschaft und Unterricht XLVI·1·2013 (erschienen 2015), 23-31.

[3] Dies ist einer der zentralen Forschungsschwerpunkte des *Centro Studi Sara Valesio* in Bologna, dessen Mitglied der Autor ist.

humanistischen und pragmatischen Gebilde, das nur gemeinschaftlich die drohende Katastrophe einer Hungersnot meistern kann.

> „Die Ernährerfigur des vierten Bandes wird als Idealgestalt inszeniert, die Geist und Leben, Politik und Künstlertum verbindet. Joseph kombiniert Kronpolitik und Sozialismus, er vereint eine korrigierte Version der Weimarer Republik mit dem New Deal Roosevelts, der Amerika ebenso aus dem wirtschaftlichen Dämmerzustand holte – so zumindest die werbewirksame Selbstdarstellung des Präsidenten – wie Josephs Politik das fiktive Ägypten. In der Josephsfigur werden zudem die weltlichen Segensträger und demokratischen Pragmatiker Roosevelt und Goethe zusammengebracht. Joseph verbindet die Qualitäten der alten und der neuen Heimat, die Dauer des kulturellen Gedächtnisses Israels und die Fortschrittlichkeit des Gastlandes. Das Ägypten des vierten Bandes bildet weder Weimar noch die USA mimetisch ab, sondern ist ein fiktiver Ort, an dem politische Konstellationen als Ideal konstruiert werden.“[4]

Thomas Mann kämpfte als politischer Künstler gegen Hitler, mit dem es – im Gegensatz zur Versöhnung zwischen den Brüdern in den *Joseph*-Romanen – keine Versöhnung geben konnte und durfte:

> „Nach seinem öffentlichen Bekenntnis zum Exil entwickelt der Autor eine unermüdliche politische Tätigkeit, zwischen 1937 und 1945 entstehen mehr als 300 politische Aufsätze, Essays, Vorträge, Festreden, Grußworte etc. […] Mann […] hält während des Krieges 58 Rundfunkansprachen (*Deutsche Hörer!* 1940-1945), die von der BBC als Appelle nach Deutschland übertragen werden.“[5]

Der Exilierte präsentiert „[…] im Mai 1945 nach Kriegsende die Rede *Deutschland und die Deutschen* in der Library of Congress. Darin analysiert er die deutsche Geschichte, die er konsequent auf das Versagen der kulturtragenden Schicht reduziert.“[6] Die vielschichtigen

---

4   J. Schöll: Joseph im Exil. Zur Identitätskonstruktion in Thomas Manns Exil-Tagebüchern und -Briefen sowie im Roman *Joseph und seine Brüder*, Würzburg 2004, 343.

5   J. Schöll: Exil, in: Thomas Mann. Handbuch. Leben – Werk – Wirkung, hg. v. A. Blödorn – F. Marx, Stuttgart 2015, 243-244, hier 243. Vgl. dazu auch H. Kurzke: Bewundern, nicht kritisieren. Thomas Mann und die Politik, in: Der Kanon. Die deutsche Literatur. Bd. 5: Essays. Max Frisch bis Durs Grünbein, Frankfurt am Main – Leipzig 2006, 824-834.

6   T. Lörke: Deutschland, in: Thomas Mann. Handbuch. Leben – Werk – Wirkung, hg. v. A. Blödorn – F. Marx, Stuttgart 2015, 241- 242, hier 241 f.

Entwicklungen, die schließlich zum Zweiten Weltkrieg führten, waren multifaktorieller als diese Reduktion; das muss hier nicht extra unterstrichen werden. Dennoch liefert Thomas Manns Analyse einen wichtigen Deutungsrahmen der eigenen Exilsituation, um ein barbarisches Deutschland unter dem Dritten Reich begreifen zu können.[7] Aber auch: das verzweifelt-verzweifelnde Verstehen-Wollen in den Texten von Thomas Mann aus jener Zeit – so *mein* Leseeindruck –, dieses Ringen und Suchen nach Worten, die zwar variantenreich, letztlich aber doch nur Schweigen und Verstummen umkreisen: in der Rekonstruktion der irrationalen Motive (mit einer gewissen Nähe zu Märchen[8] und zur Romantik; nur „verhunzt", um ein Wort Thomas Manns zu wählen), welche zu jenen grauenhaften Ereignissen geführt haben mochten. Diese unsägliche Vernichtung von Menschenleben, Städten und Kultur, deren Ausmaß nach 1945 bekannt wurde:

> „Es war nicht eine kleine Zahl von Verbrechern, es waren Hunderttausende einer sogenannten deutschen Elite, Männer, Jungen und entmenschte Weiber, die unter dem Einfluß verrückter Lehren in kranker Lust diese Untaten begangen haben. […] Man nenne es finstere Möglichkeiten der Menschennatur überhaupt, die da enthüllt werden – deutsche Menschen, hundertausende sind es nun einmal, die sie vor den Augen der Welt enthüllt haben."[9]

Sprache und Epos werden diesem Autor imaginäres Refugium für eine große europäische Tradition, werden zu Erinnerungs- und Bewahrungsräumen, sind eine Arche für (emblematisch-exemplarisch) Goethe und Schiller als Repräsentanten einer vom Untergang bedrohten deutschen Welt-Klassik. Und aus den Fluten des Kriegschaos erhebt sich der Kosmos eines lebensbejahenden Gegen-Mythos':

---

[7]   Siehe dazu auch beispielsweise zur Situation der deutschen Universitäten im Dritten Reich H.-M. Koch: Die Universität. Geschichte einer Institution, Darmstadt 2008, 200-210. (Mit Einblick u.a. in die ‚causa' Heidegger.)

[8]   Siehe dazu auch M. Maar: Geister und Kunst. Neuigkeiten aus dem Zauberberg, München – Wien 1995.

[9]   Thomas Mann: Die deutschen KZ (1945), in: Thomas Mann: Fragile Republik. Thomas Mann und Nachkriegsdeutschland, hg. v. S. Stachorski, Frankfurt am Main 1999, 21.

„Die grundsätzliche Frontstellung gegen die Nazis und ihre Wortführer (etwa Alfred Rosenbergs *Mythus des XX. Jahrhunderts*) entspricht kulturstrategischen Vorschlägen, wie sie zur gleichen Zeit etwa der marxistische Philosoph Ernst Bloch [...] vorgebracht hatte. Ihre besondere Pointe findet jene Konfrontation in den *Joseph*-Romanen aber darin, dass es die *jüdische* Urgeschichte ist, die in diesem aufklärerischen Sinne mythisiert und als Urgrund europäischer Kultur, wenn nicht sogar als Grundwerte der Menschheit, freigelegt wird [...]."[10]

Und zu diesem Urgrund Europas gehörte, jeden nationalistischen Eurozentrismus transzendierend, neben Israel auch Ägypten.[11] Dazu die mythopoetischen Potentiale der Antike und des Christentums. Das ,*Vorspiel: Höllenfahrt*'[12], gewissermaßen eine hermeneutische Standortvermessung des Erzählers/der vielen Erzähler (?), inszeniert diesen *Joseph* als nur *eine* Geschichte aus einer Vielzahl von *Josephsgeschichten*. Es wird ein Erzählkosmos aufgespannt und entworfen, der geographisch eben keineswegs auf den Alten Orient beschränkt wäre und der noch weiter, viel weiter zurückreicht – via *Atlantis* – hinab in geradezu geologische Zeitalter. Und ,Europa' als transnationales, humanisierendes Projekt ist tief in komplexen religiösen Konzepten verankert und verwurzelt, vertreten z.B. durch Abraham und Echnaton:

„Die Wirkungsgeschichte hat also die Bibel gemacht – das ist keine Ketzerei, sondern eine philologische Tatsache. Deshalb hat Thomas Mann auch kein Bedenken, an der Bibel weiterzudichten, sie humoristisch zu korrigieren, sie zu modernisieren und in spielerischer Wissenschaftlichkeit ihre Ungenauigkeiten philologisch zu erklären und psychologisch plausibel zu machen."[13]

---

[10] H. Ridley – J. Vogt: Thomas Mann, Paderborn 2009, 61.

[11] Siehe dazu: Markus Pohlmeyer: Die Huld(a) auf dem Felde oder: Ein arroganter Engel, ein irrender Held und ein impliziter Esel. Gedanken – weitab vom Wege – zu Thomas Manns *Joseph und seine Brüder*, in: M. Pohlmeyer: Zwischen Welten verstrickt IV. Weltraum, Wildwest und allerlei wunderliche Wege, Hamburg 2017, 81-90. Und Ders.: Narrare è creare. Come Echnaton e Thomas Mann inventarono Dio, in Il Regno, 16/2106, 475-478.

[12] Siehe dazu Th. Mann: Joseph und seine Brüder, Frankfurt am Main 2007.

[13] H. Kurzke: Der gläubige Thomas. Glaube und Sprache bei Thomas Mann, in: Schriften des Ortsvereins Bonn-Köln der Deutschen Thomas Mann-Gesellschaft e.V., Bd. 1, Bonn 2009, 14.

Darum *spielt* dieser universale Roman auch mit der Frage, ob nun Gott existiere oder nicht,[14] ob Gott monistisch-panentheistisch alles umfasse oder nur eine Fiktion Abrahams darstelle, ein Abraham, der, modern gesprochen und aus dem Narrativ abstrahiert, apriorisch die Bedingung der Möglichkeit eines Gottgedankens mit der Vernunft ausmessen möchte – geradezu ein poetischer Kant. Dieser Abraham überschreitet wie Kant ebenfalls die vorläufigen Grenzziehungen der Vernunft in Richtung Ethik, weil eben jener Gott (oder dessen Fingierung bzw. Eruierung) existentielle Folgen für ein sehr konkretes Leben hat.

Jenes imaginiert-utopische Ägypten, das Thomas Mann im Joseph re- und de-konstruiert als Präfiguration einer humanen Zukunft für alle Völker, wird in der realen Historie durch ein kulturvernichtendes Nazi-Deutschland – ja sogar durch die angestrebte systematische Vernichtung des Volkes selbst, das immer noch als Stimme aus der tiefen Vergangenheit (Ägypten ist ja längst untergegangen!) eine Humanisierung des Göttlichen und Menschlichen repräsentiert –, jenes Bildungs- und Kultur-Europa wird durch eine barbarische Ideologie und ihre Vernichtungsmaschinerie in Auflösung gebracht. Dieses andere Europa kann nur im Exil, d.h. im Text überleben, vorerst. Wie sehr wünscht sich Thomas Mann, dass seine Texte politische Folgen haben könnten, vor allem mit Blick auf Roosevelt und auf ein Deutschland, das sich immer noch selbst von diesem Wahnsinn befreien möge! Dem Hauptakteur dieser europäischen Tragödie schreibt Thomas Mann wahrlich keine großartigen Eigenschaften zu: diesem

> „[…] tristen Faulpelz, tatsächlichen Nichtskönner und ‚Träumer' fünften Ranges, dem blöden Hasser der sozialen Revolution, dem duckmäuserischen Sadisten […]. Ich sprach von europäischer Verhunzung. Und wirklich, unserer Zeit gelang es, so vieles zu verhunzen: Das Nationale, den Sozialismus – den Mythos […]."[15]

Im Kontext des Zusammenbruchs der europäischen Nationalstaaten entsteht aber etwas Neues:

---

[14] Vgl. dazu Kurzke: Thomas (s. Anm. 13), 7. Siehe dazu auch Thomas Mann: Joseph und seine Brüder I, Kommentar, hg. v. J. Assmann – D. Borchmeyer – S. Stachorski, unter Mitwirkung v. P. Huber, Frankfurt am Main 2018, 805 ff.

[15] Thomas Mann: Bruder Hitler (1939), in: Ders.: Politische Schriften und Reden 3, hg. v. H. Bürgin, Frankfurt am Main – Hamburg 1968, 58.

„Das Exil ist etwas ganz anderes geworden, als es in früheren Zeiten war. Es ist kein Wartezustand, den man auf Heimkehr abstellt, sondern spielt schon auf eine Auflösung des Nationalen an und auf die Vereinheitlichung der Welt. Alles Nationale ist schon längst Provinz geworden."[16]

Das Exil transformiert sich zu einer Präfiguration eines noch ausstehenden, visionären Kosmopolitismus, weil Nation als Referenzrahmen kollabiert ist: „Tief sinkt die nationale Idee, die Idee des ‚engern Raumes' ins Gestrige ab. Von ihr aus, jeder fühlt es, ist kein Problem, kein politisches, ökonomisches, geistiges mehr zu lösen."[17] Für Deutschland selbst sieht Thomas Mann folgende Alternativen: „Aus ‚Deutsch-Europa' ist nichts geworden und durfte nichts werden. Aber das deutsche Empfinden muss europäisch sein, damit Europa werde."[18] Und fast schon visionär:

„Uns ist nicht bange, daß die wirkende Zeit nicht ein geeintes Europa bringen wird mit einem wiedervereinigten Deutschland in seiner Mitte [...]: *ein* Deutschland als selbstbewusst dienendes Glied eines in Selbstbewusstsein geeinten Europa, – nicht etwa als sein Herr und Meister."[19]

Das folgende Zitat regt zur Frage an, *wer* denn nun wirklich emigriert sei. Da gibt es zum einen den *amerikanischen* Thomas Mann und zum anderen den *deutschen* Schriftsteller: der eine an einem konkreten Ort, der andere ort-los (*u-topisch*), aber in einem Universum der Sprache, *seiner* Sprache beheimatet, die er vorfindet, die er weiterbildet:

„Nie ist es mir in den Sinn gekommen, auch als Schriftsteller zu emigrieren und etwa, wie mancher es von mir erwartete, ja forderte, eine Arbeit gleich auf englisch herzustellen, da es ein deutsches Publikum für sie ja nicht gab. [...] Im Gegenteil wurde mir in der Fremde [...] mein Tun gerade in diesen Jahren mehr und mehr zum bewußten

---

[16] Thomas Mann: ‚Man gönne mir mein Weltdeutschtum', in: Fragile Republik (s. Anm. 9), 42. Schriftbild von mir geändert.

[17] Thomas Mann: aus einem Schiller-Vortrag 1955, in: Fragile Republik (s. Anm. 9), 237.

[18] Thomas Mann: [Die Aufgabe des Schriftstellers] (1947) , in: Ders.: Schriften (s. Anm. 15), 306.

[19] Thomas Mann: [Ansprache vor Hamburger Studenten] (1953) , in: Ders.: Schriften (s. Anm. 15) 359.

Sprachwerk, zur versuchenden Lust, alle Register des herrlichen Orgelwerks unserer Sprache zu ziehen, zu einem Bestreben nach Rekapitulation zugleich und Vorwärtstreibung deutscher Sprachzustände und
Ausdrucksmöglichkeiten deutscher Prosa."[20]

Dies klingt wie die Stimme aus dem Gedicht „Mein Eigentum" eines
anderen Heimatlosen, eine Stimme, die, bedroht durch das kontingente
Phänomen des Wandels, für sich in der dichterische Fiktion – Buchstabe, Strophe, Metrik und Vers sind Zeugnisse, Spuren dieser Incarmination[21] – eine „bleibende Stätte", etwas Unbedingtes zu finden sucht,
es auch gefunden hat, einen Sprach-Ort durchaus mit Zügen des Paradieses, der Zeitlosigkeit, des Absoluten (des *Los-Gelösten*). Solch eine
imaginierte Utopie kann sich in einem konkreten Gedicht realisieren
– eine Spur: als Trost, als Rettung, als Sicherheit. Was dem Dichter
gehört, das *hören* wir, auch wenn wir es nur still lesen:

Aus „Mein Eigentum" von F. Hölderlin

„Und daß mir auch zu retten mein sterblich Herz,
Wie andern eine bleibende Stätte sei,
Und heimatlos die Seele mir nicht
Über das Leben hinweg sich sehne,

Sei du, Gesang, mein freundlich Asyl! sei du
Beglückender! mit sorgender Liebe mir
Gepflegt, der Garten, wo ich, wandelnd
Unter den Blüten, den immerjungen

In sichrer Einfalt wohne, wenn draußen mir
Mit ihren Wellen allen die mächtge Zeit
Die Wandelbare fern rauscht und die
Stillere Sonne mein Wirken fördert."[22]

---

[20]   Thomas Mann: Ansprache im Goethe-Jahr (1949), in: Fragile Republik (s. Anm.
       9), 78.
[21]   Vgl. dazu den latein. Plural: *carmina* (Lieder, Gedichte).
[22]   F. Hölderlin: (aus) Mein Eigentum, in: Ders.: Gedichte, hg. G. Kurz, Stuttgart
       2000, 187.

(Dieser Aufsatz ist die veränderte Fassung von: Markus Pohlmeyer: Scrivere nuovi mondi. T. Mann in esilio: la domanda su chi è l'emigrato e il seno della patria, in: Il Regno – Attualità 8/2018, 219-221. Mit freundlicher Genehmigung von ‚Il Regno' zur Verwendung in dem vorliegenden Buch.)

Flensburger Studien zu Literatur und Theologie

Band 1
Markus Pohlmeyer: Science Fiction – Filmisch-literarisches Exil
des Göttlichen, Br., 140 Seiten, 19,50 €, ISBN 978-3-86815-587-7
2., durchgesehene Auflage, Igel Verlag, Hamburg 2014.

Band 2
Markus Pohlmeyer: Cult(ur)mix. Religiöse Phänomene in Comics
und TV-Serien, Br., 100 Seiten, 19,50 €, ISBN 978-3-86815-702-4,
Igel Verlag, Hamburg 2015.

Band 3
Marcello Neri / Markus Pohlmeyer (Hg.): Zwischen Welten verstrickt.
Gedanken zu Europa, Religion und Literatur, Br., 144 Seiten, 19,50 €
ISBN 978-3-86815-703-1, Igel Verlag, Hamburg 2015.

Band 4
Markus Pohlmeyer (Hg.): Kierkegaard – eine Schlüsselfigur der
europäischen Moderne, Br., 244 Seiten, 34,90 €, ISBN 978-3-86815-704-8
Igel Verlag, Hamburg 2015.

Band 5
Markus Pohlmeyer: Als ich zu den Sternen ging. Gedichte,
Br., 108 Seiten, 19,50 €, ISBN 978-3-86815-708-6, Igel Verlag,
Hamburg 2016.

Band 6
Markus Pohlmeyer: Zwischen Welten verstrickt II.
Essays zu (pop)kulturellen Phänomenen, Br., 104 Seiten, 19,50 €,
ISBN 978-3-86815-709-3, Igel Verlag, Hamburg 2016.

Band 7
Markus Pohlmeyer (Hg.): Cult(ur)mix II.
Fragment – Unschärfe – Labyrinth: auf dem Weg zu einer popkulturellen
Anthropologie, Br., 164 Seiten, 19,50 €, ISBN 978-3-86815-711-6,
Igel Verlag, Hamburg 2016.

Band 8
Markus Pohlmeyer (Hg.): Töchter der Sonne. Eine Inka-Kantate.
Gedichte. Mit einem Kompositionsbericht von A. N. Tarkmann und
alt-amerikanistischen Erläuterungen von B. Schmelz, Br., 88 Seiten,
16,90 €, ISBN 978-3-86815-712-3, 2., überarbeitete Auflage 2017,
Igel Verlag, Hamburg 2017.

Band 9
Elin Fredsted / Markus Pohlmeyer (Hg.): Zwischen Welten verstrickt III.
Filmanalysen: Zwischen Heimat und Science Fiction, Mit Beiträgen von
J. Jake und A. Jöckel, Br., 96 Seiten, 19,50 €, ISBN 978-3-86815-723-9,
Igel Verlag, Hamburg 2017.

Band 10
Markus Pohlmeyer: Zwischen Welten verstrickt IV. Weltraum, Wildwest und
allerlei wunderliche Wege, Br., 108 Seiten, 19,50 €, ISBN 978-3-86815-724-6,
Igel Verlag, Hamburg 2017.

Band 11
Markus Pohlmeyer / Bernd Schmelz (Hg.): Weihnachten. Von der globalisierten Postmoderne in die Antike – (un)gewohnte Zugänge, Br., 140 Seiten,
19,50 €, ISBN 978-3-86815-725-3, Igel Verlag, Hamburg 2017.

Band 12
Markus Pohlmeyer: Als ich zu den Sternen ging. Zweiter Teil. Gedichte
Br., 112 Seiten, 19,50 €, ISBN 978-3-86815-728-4, Igel Verlag,
Hamburg 2018.

Band 13
Markus Pohlmeyer: Dinosaurier, kosmische Träumer und Minihelden.
Zwischen Welten verstrickt V, Br., 108 Seiten, 19,50 €,
ISBN 978-3-86815-731-4, Igel Verlag, Hamburg 2018.

Band 14
Benny Grey Schuster: Das Osterlachen. Darstellung der Kulturgeschichte
und Theologie des Osterlachens sowie ein Essay über die kulturelle, kirchliche
und theologische Verwandlung des Lachens. Aus dem Dänischen übersetzt
von Eberhard Harbsmeier, Br., 428 Seiten, 44,00 €, ISBN 978-3-86815-731-4,
Igel Verlag, Hamburg 2019.

Band 15
Markus Pohlmeyer / Christian Stolz (Hg.): Ostern – Ursprünge und Bräuche
Br., 136 Seiten, 22,00 €, ISBN 978-3-86815-734-5, Igel Verlag,
Hamburg 2019.